Friedrich Benesch

Ostern

phoenix

8

FRIEDRICH BENESCH

OSTERN

Passion – Tod – Auferstehung

URACHHAUS

Der Autor:

Dr. Friedrich Benesch (1907-1991) war Theologe und Naturwissenschaftler, Priester und als jahrzehntelanger Dozent und Leiter der Freien Hochschule der Christengemeinschaft ein weltweit wirkender Lehrer für Anthroposophie und goetheanistische Naturwissenschaften.

Inhalt

Vorwort 7

Die Passion Jesu Christi –
Erlösungskraft für den Menschen 9

Das Sonnen-Ich des Sohnes 21

Das ringende Ich des Menschen 42

Karfreitagsbetrachtung
Das Kreuz auf Golgatha 65

Das Geheimnis des Jesus-Leibes:
Voraussetzung der Auferstehung 77

Die Auferstehung Christi 110

Anmerkungen 129

Vorwort

Lieber Leser!

Weihnachten muss man fühlen. Man muss fühlen: Christus ist da und lebt mit uns auf Erden. Pfingsten muss man wollen. Man muss wollen, die eigene Individualität frei dem Geiste zur Verfügung zu stellen. Ostern muss man denken lernen. Denn Ostern ist ein Geschehen, eine Tat, welche die Naturgesetze, die wir Menschen verhältnismäßig leicht denken können, aufgehoben hat. Die leibliche Auferstehung ist ein Vorgang, der innerhalb der Welt der Gültigkeit von Naturgesetzen eine andere begründet hat, die das Reich des Geistes in das der Sinne so eingepflanzt hat, dass in diesem Reich des Geistes die Kraft liegt, das Reich der Sinne selber zu vergeistigen. Das zu denken ist schwer, allein es muss damit begonnen werden. Und die Hilfe für dieses Denken ist auch für den religiösen Menschen durch die anthroposophisch orientierte Geisteswissenschaft Rudolf Steiners gegeben. Mit ihrer Hilfe die Auferstehung so denken zu lernen, wie wir einen Naturvorgang denken lernen können – diesem Versuch waren die in diesem Bändchen vereinigten Vorträge und Betrachtungen gewidmet. Sie stehen jeweils unter einem bestimmten Gesichtspunkt – manches in ihnen wiederholt sich, doch wäre es nicht gut, solches aus dem Zusammenhang auszulassen. So mögen sie miteinander hinausgehen als ein Anfang, die mannigfaltigen Angaben Rudolf Steiners im Lichte der Evangelien – und die Osterereignisse der Evangelien im Lichte der Geisteswissenschaft denken zu lernen. Vielleicht kann solches Denken dann auch das Gemüt und den Sinn so anregen, dass das gedachte Ostern ganz anfänglich zu einem erfahrbaren Ostern wird.

Friedrich Benesch
Stuttgart, Ostern 1978

Die Passion Jesu Christi – Erlösungskraft für den Menschen

Verehrte, liebe Anwesende!

Schon vor vielen Jahrhunderten hat es in der Menschheit den großen Verkündiger des Leidens gegeben: Alter ist Leiden – Krankheit, Trennung, Sterben ist Leiden, Getrenntsein von dem, womit man verbunden sein möchte, ist Leiden – Verbundensein mit dem, womit man nicht verbunden sein möchte, ist Leiden. – Diese Rede, diese Verkündigung des großen Buddha, des Gautama Buddha, leuchtet auf. Die Ursache des Leidens sieht er in dem Durst nach Dasein, denn wenn dieser verlöscht, hört das Leiden auf. – Nun, was heißt das? Ist das der Ausweg? Das würde ja heißen: fort von der Erde.

Schauen wir einen Moment genauer hin. Wie ist das eigentlich mit denjenigen Leiden, die in Gestalt von körperlichem Schmerz auftreten? Dieses eigenartig Bohrende oder Stechende, oder Brennende, oder Verzehrende des rein physischen Schmerzes. Worin tauchen wir denn da ein, welch eine Welt ist das? – Oder schauen wir auf seelischen Schmerz und seelisches Leiden hin: Gram – Kummer – Trübsal – Entbehrung usw. – Und schließlich geistiger Schmerz. Man meint immer, ihn gebe es nicht. Ihn gibt es auch. Man schaue einmal hin auf die rein geistigen Schmerzen, die Faust durchmacht an den Rätseln der Welt, an der Unmöglichkeit, die Geheimnisse, die den Menschen umgeben, zu enträtseln. Oder man denke an das rein geistige Erlebnis der Sinnlosigkeit des Daseins, das Menschen geistig peinigen kann.

Wo tauchen wir ein, wenn wir in die körperliche Schmerzenswelt, in die seelische Schmerzens- und Leidenswelt, wenn wir in die geistige Schmerzenswelt eintauchen?

Wir müssen nicht etwa meinen, dass nur wir Menschen Anteil haben an dieser Welt des Schmerzes. Es ist ein Forschungsergebnis der Geisteswissenschaft, dass zum Beispiel in der Natur, in der rein physikalisch-mineralischen Natur, jede Art von Koagulation, von Kristallisation, von Verfestigung durchzogen ist von Schmerz. Oder dass in der Pflanzenwelt zwar das Abreißen der grünen Bestandteile ein Wohlgefühl, aber jedes Herausreißen der Wurzel ein Schmerz ist. Und wer wüsste nicht, wie tief unschuldig die gesamte Tierwelt seelisch leiden kann. – Man schaut in etwas hinein, von dem man zunächst nicht weiß, was es tatsächlich darstellt. Ist das ein Reich, ein Reich des Leides, oder nur das subjektive Erleben von irgendwelchen Wesenheiten? Oder ist Leiden eine Weltensubstanz? Wenn man den Blick nach der übersinnlichen Welt richtet, sieht man den seit Äonen geführten Kampf der Widersachermächte gegen die guten Götter. Sind sie »glücklich« dabei? – Aber auch das, was die guten geistigen Wesen durchmachen, lässt die Frage zu: Ob ein Engel nicht auch Anteil hat an der Welt des Schmerzes, in der Art, wie er sein Verhältnis zu dem Menschen, den er führt, erlebt? Ob er an dessen Wesen und Verhalten nicht schmerzliche Erfahrungen macht? Man kann wohl, vielleicht ein wenig kühn, sagen: Es gibt überhaupt keinen Bereich, keine Wesenhaftigkeit, die nicht an diesem grundlegenden Geheimnis Anteil hätte, an dieser Welt, an dieser Substanz des Leidens.

Wir fragten: Was geht eigentlich vor in den Wesen, die leiden? – und *alle* Wesen leiden irgendwo, nicht nur wir Menschen. Man sieht an dem einfachsten Wurm, den man tritt, wie er sich krümmt und zusammenzieht. Man sieht mit einmal, dass in dieser Welt, in dieser Substantialität des Leidens, welches das Weltall durchzieht, eine unermessbare Kraft des Zusammenziehens, der Konzentration verborgen ist. Und wenn man auf das seelische Leiden hinschaut, erkennt man, dass in ihm nicht nur diese Zusammenziehungskraft weht, sondern dass es auch nichts anderes gibt, was die Seele so vertieft wie Leiden. Indem sich leidend das Wesen zusammenzieht, muss es sich vertiefen, verinnerlichen. Das führt schließlich zu einer Art Frucht, die aus dieser Konzentration, aus dieser Verdichtung und Vertiefung hervorgeht. Diese Frucht besteht darin, dass allen Erfahrungen und Erlebnissen, die leiddurchzogen sind, eine merkwürdige *Dauer* eignet. Indem die Zusammenziehung erfolgt, indem durch sie die Vertiefung des Erlebens eintritt, wird etwas gefruchtet, das bleibt, und zwar nicht nur als Stimmung, als Erfahrungsstimmung, sondern auch als Bewusstsein. Es bleibt als die Garantie eines höchsten, auf Dauer veranlagten Bewusstseins, das man seit eh und je mit dem Wort *Weisheit* bezeichnet. Denn erst die Erfahrungen, die das erfahrende Wesen nicht ausbreiten, aus sich herausziehen, vielmehr in sich verdichten, zusammenziehen, vertiefen, sind das ureigenste Eigentum dieses Wesens geworden. Damit haben wir die Erfahrungsseite des Leidens und der Schmerzen vor uns: Zusammenziehung – Vertiefung Verinnerlichung – individualisierte Erfahrung – Weisheit.

Wenn wir nun den Blick auf die Passion Jesu Christi hinlenken, ist für das Leiden des Christus-Wesens ein anderer innerer Ansatzpunkt gefunden. Im Gedanken an die Passion Christi steigen, gerade aus der christlichen Tradition, im Wesentlichen die Bilder der Karwoche auf, also die Gefangennahme – die Schläge in das Antlitz bei dem Verhör – die Geißelung – die Dornenkrönung – das Kreuztragen – die Kreuzigung selber – jener letzte Atemzug in Form von brennendem Durst: »Gebt mir zu trinken!« – dann der Essigschwamm – und schließlich der Tod selber. Aber alles, was da so vollständig nach außen erscheint, hat bei diesem Wesen die allertiefsten Hintergründe. Man darf nicht mit Sentimentalität, die jahrhundertelang in der Christenheit gepflegt worden ist, bei den äußeren Erscheinungen bleiben, sondern man muss versuchen, hineinzuschauen. Dann kann man bemerken, dass diese Passion eigentlich schon während der ganzen $3\,^{1}/_{4}$ Jahre, die er auf Erden gewandelt ist, gewaltet hat. Wie ungeheuer schwer fällt es uns, in jenes Leiden hineinzufühlen, das dieses Wesen bei jeder Begegnung mit einem Menschen erfuhr! Bei jeder Begegnung eine Art Leiden am Menschenwesen selber, und zwar nicht etwa am eigenen, sondern durchaus an dem aller anderen Menschen. Man braucht gar nicht an jene radikalen Fälle zu denken, in denen er gehasst, verleumdet wird, oder auch nur an jene weniger radikalen, in denen er missverstanden, nicht verstanden, nicht wahrgenommen wird. Vielmehr leidet er schon, indem er irgendeinem irdischen Menschen gegenübersteht, und zwar daran, wie dieses irdische Menschenwesen *geworden* ist.

Rudolf Steiner hat in seinen Verkündigungen des »fünften Evangeliums« dort, wo nicht einmal von dem Christus Jesus, sondern von dem Jesus die Rede ist, von dieser unschuldigen Menschheitsseele, die in Gestalt eines Menschen über die Erde wandelte, dargestellt, wie dieses Wesen an dem *leidet,* was aus der Menschheit und den einzelnen Menschen geworden ist. Man hat diese besondere Form des Leidens vor sich: das Mit-Leiden, das Für-Leiden. Mag auch im Wesen des gewöhnlichen Menschen die Leidenssubstanz, die Leidensregion tief verankert sein, so ist es doch erst dem Mit- und Für-Leiden dieses Wesens möglich, die Tiefe, die Wahrheit und Wirklichkeit des Leidens der anderen Menschen innerlich zum Aufleuchten zu bringen und so tief zu erschließen, wie es dem Menschen selber vielleicht gar nicht ganz bewusst wird. So wandelt er unter uns – der unsere Leiden tiefer Leidende, als wir selber leiden.

Sobald man dieses Geschehen zu erfassen versucht, muss man sich sagen, dass es zu ahnen, aber nicht nachzuvollziehen ist, weil jede Form von Leiden bei uns selber eben mitbewirkt ist durch uns selbst. Bei dem Wesen Jesu hingegen handelt es sich darum, dass sein persönlicher Anteil an diesem Leiden gleich Null und dadurch das Mit- und Für-Leiden bei ihm vollständig ist; das können wir nicht nachvollziehen. Wir müssen schon in aller Bescheidenheit vor diesem Mysterium auf der einen Seite die Augen öffnen, auf der anderen Seite sie in Ehrfurcht niederschlagen. Und dennoch, meine lieben Anwesenden, können wir den Weg zu einem tieferen Verständnis finden, wenn wir die Bemerkungen ernst nehmen, die der Apostel Paulus in seinem Briefe an die Philipper über das innerste Wesen des Christus macht:

»Versucht, die gleiche innere Haltung zu finden, die der Christus Jesus hat, der vom Urbeginn in einer göttlichen Gestalt west, aber diese Gottheit nicht für sich in Anspruch nimmt. Nicht für sich in Anspruch nimmt, ein göttliches Wesen zu sein, sondern sich entleert, die Gestalt eines dienenden Wesens annimmt, sich vollständig angleicht an den Menschen. Und indem er gefunden wird in menschlicher Gestalt, erniedrigt er sich und wird unterworfen unter das Gesetz des Todes, ja sogar des Todes am Kreuz« (Phil. 2, 5-8).

Um die Ganzheit dieses Geschehens einigermaßen zu fassen, bzw. nicht einmal zu fassen, sondern wenigstens anzuschauen, brauchen wir einen Begriff für seine Dimension und damit für seine Intensität. Diese Dimension findet man jedoch nur, wenn man den Blick von der Erde wegrichtet, hinaus in das Weltenall, und den Christus als göttlich-kosmisches Wesen sieht. Wir erblicken das gewaltige Wesen Sonne, das atmend, pulsierend, leuchtend, strahlend den Kosmos durchwandert. Für sich allein spricht schon eine solche Tatsache, dass die »Granulation«, die man mit den Fernrohren auf der Sonnenoberfläche beobachtet, das Bild von Flammen ist, deren unterer Durchmesser ungefähr die Größe von Spanien und Portugal zusammen hat – stellen Sie sich eine Kerzenflamme vor von dieser Dimension! – und deren Höhe so hoch ist wie die Entfernung von Ceylon bis Kamtschatka. Diese gewaltigen Flammen brennen fortwährend, sie brennen auf, halten sich für Minuten, vergehen wieder, inzwischen ist die nächste da. Tausende und aber Tausende solcher Flammen bedecken die ganze Sonnenoberfläche! Ich will gar nicht von den anderen Sonnenerscheinungen sprechen, ich möchte mit diesem Bilde nur auf die Dimension aufmerksam machen. Man kann den ganzen Erdball einhundertundneunmal nebeneinandersetzen, um durch die Sonne hindurchzugelangen. Sehen Sie, dieses gewaltige Gebilde kann man als den Flammen- und Lichtleib betrachten für ein Wesen, dessen kosmische Größe, dessen kosmische Dimension innerlich identisch ist mit der äußerlichen kosmischen Dimension der Sonne. Das Christus-Wesen – und der ihm entsprechende kosmische Leib. Rudolf Steiner hat in seiner Geistesforschung diese Wesenszusammenhänge dargestellt.

Bevor das Christus-Wesen sich die Sonne zum Leibe gemacht hat, hatte es noch einen ganz anderen Leib gehabt, nämlich das ganze weite Sternenall. Es gibt überhaupt keinen Stern, der nicht zunächst an dem Mantel des Seelenleibes dieses Wesens ein Edelstein gewesen wäre. Wir müssen den Atem verlieren und müssen in einer mehr oder weniger devotionellen äußerlichen Anschauung bleiben, wenn wir diese Dimension vor die Seele stellen wollen.

Sehen Sie, verehrte Anwesende, so groß, so gewaltig, so göttlich-herrlich ist das, wovon Paulus sagt: Er war von Urbeginn her ein Wesen göttlicher Gestalt und Gewalt, aber er hat diese göttliche Gestalt nicht für sich in Anspruch genommen, sondern sie hingeopfert, Stufe um Stufe. Hingeopfert, indem er sich zunächst zusammenzieht auf die Sonne – auch das ist noch gewaltig –, indem er dann die Sonne als ein äußeres Gewand zurücklässt und sich immer mehr und mehr zusammenzieht, bis er schließlich im Umkreis der Erde lebt – was hat er da unterwegs schon alles hingeopfert, abgelegt, zurückgelassen, aufgegeben – und sich schließlich noch weiter zusammenzieht, bis die Möglichkeit entsteht, dass dieses Wesen anstelle eines Menschen-Ich in einem Menschenleib Einzug hält – bei der Taufe am Jordan.

Womit ist aber diese Entäußerung, diese »Kenosis«, wie Paulus sagt, verknüpft? Als Antwort findet man – wiederum in dem »fünften Evangelium« von Rudolf Steiner die ganz eindeutige Aussage, dass der Schmerz – denken Sie an das, was ich am Anfang gesagt habe: Schmerz heißt Zusammenziehung –, dass der Schmerz, den das göttliche Christus-Sohneswesen durchgemacht hat auf seinem Wege vom Himmel zur Erde, schlechthin unvorstellbar groß ist. Durch solchen Schmerz aber ist für dieses Wesen selbst eine Vertiefung erfolgt, die es nun tiefer macht als alle anderen Wesen und die ihm die Fähigkeit verleiht – durch sein Opfer, seine Selbstentäußerung, durch seine aufs Äußerste geschehene Zusammenziehung –, jedem Schmerz so entgegenzutreten, dass es den Eindruck haben kann: Das kenne ich noch tiefer, das ist mir nicht fremd, das habe ich durchgemacht.

Indem wir so das Christus-Wesen erblicken, steht nach der Jordan-Taufe das Göttliche dieses Christus-Wesens in dem unfasslichen Leiden des zusammenziehenden Schmerzes vor uns – die Passion des Christus –, und auf der anderen Seite schauen wir auf die Hülle des Menschen, der Menschenseele des Jesus hin, mit ihrer Fähigkeit des reinen vollständigen Mit- und Für-Fühlens mit dem Seelenleid aller Menschen – die Passion des Jesus.

Die Passion Christi ist nicht nur das, was für die Christenheit im Vordergrund steht, indem man die Karwochen-Ereignisse betrachtet, sondern die Passion Christi ist das vollständige Sich-Aneignen jener Welt und jener Substanz von zwei Seiten her, die wesenhaft Leiden heißt, die wesenhaft Vertiefung, Konzentration, Urerfahrung und, sehen Sie, dadurch wesenhaft vollständige *Selbstlosigkeit* bedeutet.

Man schaut hinein in die Substanz des Leidens, welche die ganze Welt durchzieht, wie wir das am Anfang angeschaut haben, und man sieht, dass durch die Tat Christi, durch die Menschwerdung des Christus-Wesens und durch die Durchchristung des Jesus-Wesens, in diesem Leidensbereich selber etwas vollständig Neues entstanden ist. Alles Leiden bekommt mit einmal eine innere Substantialität, deren moralischer Charakter darin besteht, dass sie nicht nur völlig selbstlos ist, sondern – bitte, sehen Sie – rein *freiwillig*. Das, was sonst Leiden in der Welt ist, und das war von Buddha gemeint, ist immer die Folge von Notwendigkeit, ist immer der Gegenschlag gegen etwas ihm Polaren, ist die Folge von karmischen Gesetzmäßigkeiten, die aus dem Durst nach Dasein hervorgehen. Durch die Tat des Christus aber strömt in die Welt des Leidens etwas hinein, was nun dem Leiden selber einen ganz neuen Charakter gibt. Denn das Christus-Wesen hat das Leiden nicht nur um sich und in sich gehabt, sondern es so vollständig in sich aufgenommen, dass es durch sein Wesen hindurchging, dass es Substanz seines Wesens wurde, und zwar vollkommen freiwillig, aus eigenem Entschluss und vollkommen selbstlos, rein um der anderen willen. So wird auf die Menschheit ein Impuls übertragen: Durch das innere Anschauen der Christus-Wesenheit, durch das Erlernen, sich impulsieren zu lassen durch die Christus-Wesenheit, entsteht in dem Menschen die Veranlagung, vollständig sich selber in sich so zu erfassen, dass der Trieb, das Leiden zu vermeiden, restlos aufhört und in dem Menschen die tiefste Bereitschaft entsteht, Leiden aufzunehmen, das heißt aber, bereit zu sein, ja zu sagen zu dem Leiden, das als Schicksalsnotwendigkeit für den Menschen auftritt, das heißt vor dem Leiden nicht zu fliehen, sondern das Notwendige außerdem noch *freiwillig* aus der Verbundenheit mit dem Christus-Wesen aufzugreifen und mit dem eigenen Sein zu identifizieren.

Liebe Anwesende, es ist eben ein fundamentaler Unterschied, ob wir leiden, weil wir leiden *müssen,* oder ob wir dasselbe Leiden, das wir leiden müssen, auch *wollen*. Denn durch die Bereitschaft zum Leiden allein wird die Möglichkeit geschaffen, dass es fruchtbar wird. Durch menschliches Leiden, das nicht nur eine Notwendigkeit, sondern auch eine Freiwilligkeit ist, kann im Weltall die Leidenssubstanz menschlicher Erfahrungen entstehen, die in den einzelnen Menschenseelen eine Vertiefung, Verinnerlichung und eine Verwesentlichung herbeiführt. Das freiwillige Leiden des Christus-Wesens impulsiert den Menschen, *zusätzlich* zur Notwendigkeit den Freiheitsakt zu vollziehen, wodurch das Leiden eine Vertiefung erfährt, sodass es nicht mehr den Menschen nur biegt und er in ihm eingetaucht ist, sondern er es auch selber in die Hand nimmt und dadurch sein eigenes Ich erst wirklich erkraftet. Er bleibt im eigenen Ich mit seinen schicksalhaften Tatenfolgen eben nicht nur notwendig verbunden, sondern er verbindet sich in jedem Augenblick *freiwillig* wieder mit ihnen, sodass nichts von dem, was er erlebt und erfährt, verlorengeht.

Durch das Christus-Wesen hat das Leiden des ganzen Kosmos, und damit einschließlich des Menschen, einen vollkommen neuen inneren Gehalt bekommen. Es gilt nicht mehr die Verkündigung des großen Buddha, dass die Ursache des Leidens der Durst nach Dasein sei und dieser Durst nach Dasein überwunden werden müsse, damit das Leiden aufhöre, sondern umgekehrt: Das Leiden muss als notwendig anerkannt und zudem freiwillig ergriffen und dadurch vergeistigt, verwandelt werden. Dann wird nicht das Leiden beendet durch das Erlöschen des Durstes nach Dasein, sondern das Leiden wird selbst ein verdichtetes, selbsterrungenes erneuertes und erhöhtes Dasein, dessen Substanz.

So entsteht seit dem Mysterium von Golgatha ein Dreifaches in uns Menschen: Einmal, dass wir durch alles Leiden, ob wir an der Welt oder an uns selber leiden, in die Nähe Christi kommen; dass wir so, indem wir in die Nähe Christi kommen, den *freien* Impuls zur Passion aufnehmen können, ohne uns länger selber bedauern zu müssen; und dass wir dadurch drittens in dem Leiden selber die eigene, die ganz individuelle eigene Zukunft schaffen. Denn nichts gehört zum Menschen individuell so dazu wie seine Schicksalserfahrungen. Und schließlich – dass wir erfahren: was auch immer wir leiden – Christus leidet es mit.

Das Christus-Wesen spricht nicht zum menschlichen Egoismus, der das Leiden vermeiden will; es spricht auch nicht zur menschlichen Feigheit, die vor dem Leiden flieht, sondern es spricht zum menschlichen *Mut,* weil es dem Menschen enthüllen kann, welchen Sinn dieser Mut hat. Weil gerade dadurch der Mensch gewissermaßen vollständig durch sich selber hindurchgeht und – seinem Leiden *sich selber* verdankt. Das Leiden Jesu Christi ist nicht nur Erlösung von dem Leiden, das unvollständig ist, sondern Erlösung zu dem Leiden, das der Mutterschoß des neuen Menschen wird. Darum kann Novalis sagen: »Aus Schmerzen wird die neue Welt geboren.«

Das Sonnen-Ich des Sohnes

»Christ ist erstanden!
Freude dem Sterblichen,
Den die verderblichen,
Schleichenden, erblichen
Mängel umwanden!«

Meine verehrten Anwesenden!

Die Osterbotschaft von der Auferstehung Christi ist gewiss eine Aufforderung zur Freude. Sie ist aber ebenso eine Aufforderung, alles, was mit dem Mysterium von Golgatha, mit der Auferstehung Jesu Christi zusammenhängt, mehr und mehr auch zu verstehen, und zwar als eine leibliche Tatsache, eine leibliche Wirkung, die eine geistige Tat ist. Diese geistige Tat ist von einem geistigen Wesen ausgegangen, von dem Sohn. Und so, wie das immer ein Anlass zur Freude ist, so kann und darf es auch immer eine Aufforderung sein, diesen Sohn, dieses göttliche Ich anzuschauen und im Anschauen näher und näher kennen- und erkennen zu lernen.

Nun, es gibt bedeutungsvolle Momente, in denen in der Menschheit wie unversehens das Eigentliche zum Vorschein kommt. Einen solchen Moment hat es am 11. März des Jahres 1832 gegeben, als ein Famulus, ein englisches Bibelbuch in der Hand, dem Meister einen Besuch machte und sich darüber beklagte, dass in diese Bibelausgabe eine Reihe Bücher, die er seit seiner Kindheit liebte, nicht aufgenommen waren mit der Begründung, sie seien nicht echt, sie seien apokryph, zum Beispiel das Buch Tobias. Darüber kam es zu einem Gespräch, das er dann aufschrieb. Angeregt durch die Frage nach echt oder unecht in den Schriften der Bibel, besonders in Bezug auf die Evangelien des Neuen Testamentes, bewegten sich in der Unterhaltung die Antworten des Meisters wie von ungefähr auf ein inneres Zentrum zu:

»Übrigens, echt oder unecht sind bei Dingen der Bibel gar wunderliche Fragen. Was ist echt als das ganz Vortreffliche, das mit der reinsten Natur und Vernunft in Harmonie steht und noch heute unserer höchsten Entwicklung dient! Und was ist unecht als das Absurde, Hohle und Dumme, was keine Frucht bringt, wenigstens keine gute! ... Dennoch halte ich die Evangelien alle vier für durchaus echt, denn es ist in ihnen der Abglanz einer Hoheit wirksam, die von der Person Christi ausging und die so göttlicher Art, wie nur je auf Erden das Göttliche erschienen ist. Fragt man mich: Ob es in meiner Natur sei, ihm anbetende Ehrfurcht zu erweisen? so sage ich: durchaus! – Ich beuge mich vor ihm, als der göttlichen Offenbarung des höchsten Prinzips der Sittlichkeit. – Fragt man mich, ob es in meiner Natur sei, die Sonne zu verehren, so sage ich abermals: durchaus! Denn sie ist gleichfalls eine Offenbarung des Höchsten, und zwar die mächtigste, die uns Erdenkindern wahrzunehmen vergönnt ist. Ich anbete in ihr das Licht und die zeugende Kraft Gottes, wodurch allein wir leben, weben und sind und alle Pflanzen und Tiere mit uns.«[1]

Warum darf man sagen: ein besonderer Moment? Weil in dieser Unterhaltung, die sich auf die Bibel, auf die Evangelien bezieht, in dem Augenblick, wo die Evangelien in ihrem Kern berührt sind, in der Gestalt des Gottessohnes, mit einmal die Sonne hinzukommt. Es ist zunächst gar keine Rede davon, dass beides zusammengeschaut wird, aber es steht plötzlich nebeneinander da. Und die Haltung der Verehrung dem einen und dem anderen gegenüber ist durchaus die gleiche.

Nun, verehrte Anwesende, man darf sich durch einen solchen Vorgang anregen lassen. Indem man versucht, auf das Ich des göttlichen Christus-Wesens hinzuschauen, darf man als Hilfe den Blick auf die Sonne lenken, und zwar in dem Sinne wie der Heiland, wenn er versuchte, Geistiges den Menschen zu offenbaren, wie von selbst nach den Naturbildern griff: »Das Reich der Himmel ist gleich einem Manne, der guten Samen auf seinen Acker säte.« Man darf ja empfinden, dass im Anschauen eines Naturwesens, des Samenkornes, das in die Erde fällt und in verschiedener Weise aufgeht, ein Gleichnis vorhanden ist für das Verständnis dessen, was im Seelenleben der Menschen vorgeht. So darf auch in der Sonne ein Gleichnis gesehen werden für das, was man zu erfassen, innerlich wahrzunehmen versucht, wenn man nach dem Ich des Christus fragt. Denn die Auferstehung ist eben eine Tatsache leiblicher Art, aber sie ist eine geistige Tat, die von diesem göttlichen Ich ausgegangen ist.

Schauen wir nun auf die Sonne, dieses Feuerflammenwesen, um das ein wogendes Ährenfeld riesiger Flammen wabert, eine Glut der Gase, tagtäglich nach außen die Korona, die nur dann sichtbar ist, wenn die Sonne verdunkelt wird durch den Mond, aufglühend in einem ungeheuer erregten Wärme- und Flammenzustand. Ein Flammenmeer. Von diesem Flammenmeer strahlen gewaltige Kräfte aus – wir haben also ein Kraftwesen vor uns, das aus dem Feuerwesen hervorgeht und bis in das Physische herunter in elektromagnetischen Wellenschwingungen und Korpuskelstrahlungen als Sonnenwind durch den Raum weht, wobei dieser Sonnenwind so heftig, so intensiv und gefährlich ist, dass nur das Magnetfeld der Erde uns vor dem Verbrennen durch ihn schützt, und die elektromagnetische Strahlung so gewaltig ist, dass uns die Ozonsphäre der Atmosphäre wiederum vor dem Verbrennen schützen muss. Hätte die Erde diese Hüllen nicht, so würde das Feuerflammenmeer kein Leben auf ihr zulassen. Und als ein Drittes sehen wir in der Sonne, über das Flammenwesen und das Kraftwesen hinaus, ein Lichtwesen, jetzt nicht Licht nur im modernen physikalischen Sinne verstanden als eine bestimmte Art von elektromagnetischen Schwingungen, sondern als dieses wunderbare atmosphärische, ätherische Licht, das die Erde mit ihrer Lufthülle, mit ihren Wolkenbahnen und Erdteilen aus der Ferne des Kosmos in der zartesten Bläue leuchten lässt. Dieses Licht meinen wir, das bilderschaffend die Erde umwebt und umgibt und in das die Erde in ihrer Bewegung um sich selbst fortwährend eintauchen und wieder austauchen kann, wobei sie begleitet ist von dem farbigen Bogen, der den ganzen Himmel umspannt. Die Sonne ist nicht nur dort, wo wir sie da draußen sehen, sondern sie ist auch bei uns.

Dieses dreifache äußerlich wahrnehmbare Sonnenwesen, das Feuerflammenwesen, das strahlende Kraftwesen, das wohltätig schimmernde, leuchtende, farbende Lichtwesen, ist es ja zunächst, das unseren Sinnen zugänglich ist von der Sonne. Sowie wir aber in die früheren Zeiten der Menschheit zurückgehen, entdecken wir, dass die Menschen durch diesen Schimmer, diese Kraft und durch dieses Feuer hindurch nun eben nicht nur die äußere, die physische Sonne gesehen, sondern dass sie noch eine ganz andere Sonne geschaut haben, sogar durch die materielle Erde hindurch, so dass Rudolf Steiner sagen kann, den Unterschied von stofflicher und geistiger Sonne charakterisierend:

>»Es schläft der Erde Seele
> In Sommers heißer Zeit;
> Da strahlet helle
> Der Sonne Spiegel
> Im äußeren Raum.
>
> Es wacht der Erde Seele
> In Winters kalter Zeit;
> Da leuchtet geistig
> Die wahre Sonne
> Im innern Sein ...«[2]

Schon bei den Griechen der Antike sieht man, dass sie ein ganz anderes Verhältnis zur Sonne hatten als die moderne Naturwissenschaft. In dem atmosphärischen

Licht, das die Erde umgibt, besonders in der Art, wie dieses Licht ausschaut in dem Gebiet vom griechischen Festland über die Inseln bis nach Kleinasien, von Kreta im Süden bis hinauf nach dem Bosporus, sogar herüberreichend bis zu den Ionischen Inseln, in diesem schimmernden rosenroten Licht erlebten die Griechen: Das ist ein Sonnenwesen, von einem Erzengel durchhaucht und durchwaltet, der das Seeleninnere dieses leuchtenden, phosphoreszierenden Lichtes in sich trägt. Sie schauten geistig darin eine Imagination – ein geistiges Wesen: den im Äther waltenden Zeus, und in den Strahlen dieses rosenroten Lichtes der ägäischen Griechenwelt wirkte der Sohn des Zeus, der Sonnensohn Apollo; in dem Sonnenwagen, der über den Himmel zieht und äußerlich wie eine Art Quelle für das Licht erscheint, erlebten sie einen Sohn der Titanen: Helios, den Sonnengott. Drei Göttergeschlechter sind beteiligt an den Erscheinungen »Sonne«. Man ist in der Welt der geistigen Wesen, in der Welt der Hierarchien, der Engel, der Erzengel, der Archai. Gehen wir noch ein Stück weiter zurück, zu den Ägyptern, so sehen wir, wie in der Wesenheit des Sonnenwagens eine Gottheit wahrgenommen wird, die Râ heißt oder Rê und dann auf den Namen Aton und Atun hört, und das Charakteristische dieser Sonnengottheit ist wiederum das strahlende Hereinwirken aus dem Kosmos auf die Erde, aber jetzt – im Gegensatz zu dem Titanensohn Helios – von der geistigen Seite her wahrnehmbar. Aton erscheint als ein Wesen aus der Hierarchie der Dynameis, der Geister der Bewegung, und dessen Nachkomme ist Osiris, der von dem Tagessonnengott zum Nachtsonnengott hinübergeht, um aber dann doch seinen Sohn, den Horus, als den Träger der sich individualisierenden Sonnenkräfte in dem einzelnen eingeweihten Menschen hervorzubringen. Wiederum »Generationen« von hierarchischen Wesen. – Bei dem alttestamentarischen Volk Israel sind es die Elohim, die Exusiai, die am Anfang der Weltenschöpfung stehen und aus deren Mitte die den Mond verwaltende Jahve-Wesenheit hervorgeht. Diese Sonnenwesen, diese Elohim, diese Geister der Form, stellen wiederum eine Hierarchie dar. Sie geben sich – besonders Jahve – in dem Erzengelwesen des Michael wie durch ein Antlitz hindurch für den Menschen kund. – Und schließlich ist es bei dem Sonnenvolk der Perser der Eingeweihte Zarathustra, der in die Sonne schaut und dort nun tatsächlich inmitten der Geister den Sonnengeist selbst erlebt, die Hierarchie der Kyriotetes, und innerhalb dieser Geister der Weisheit das Höchste, den höchsten Herrn, den Sonnengeist Ahura Mazdao, vor dem wieder wie durchscheinend bis zum Menschen der Erzengel erscheint, der dann Mithras heißt.

Die dreifache äußere Sonne: das Feuerflammenwesen – das Strahlenkräftewesen – das Lichtwesen, das Bilderwesen – sie sind uns heute mit unseren Sinnen zugänglich; dahinter die übersinnliche dreifache Sonne: die Erzengel der Sonne – die eigentlichen Sonnengötter die Elohim, die Dynameis, die Kyriotetes – und das höchste Sonnenwesen: Ahura Mazdao.

Indem man sich diese übersinnlichen Wahrnehmungen in den früheren Kulturepochen vergegenwärtigt, indem man das anschaut, kann man ja in dem äußerlichen Gleichnis der dreifach den Sinnen zugänglichen Sonne die Aufforderung zu der Frage finden: Was ist die Erscheinungsform Sonne eigentlich als Ausdruck der in ihr wirkenden, waltenden übersinnlichen göttlichen Wesen? Ist sie selber etwas, oder ist sie gerade dadurch etwas, weil diese Wesen zusammenwirken? Wodurch kommt die herrliche Erscheinung der Sonne zustande? Nun wissen Sie ja wahrscheinlich, dass die moderne Atomphysik sich darüber Vorstellungen gemacht hat, wie dieser »Atomofen« brennt, in dem fortwährend Wasserstoff zu Helium und Helium zu noch dichteren Gasen verbrannt wird und dadurch ungeheure Energien frei werden. Man kann vermuten, dass solche Prozesse an der Oberfläche der Sonne tatsächlich stattfinden. Worin aber besteht der eigentliche sonnenschaffende und sonnenbildende Vorgang im Kosmos? Und sehen Sie, da spricht nun die Geisteswissenschaft davon, dass die Sonne eigentlich nur verstanden werden kann, wenn man sie als ein gewaltiges kosmisches Brennglas, als einen Brennpunkt interpretiert, ein Brennglas, in dem die Strahlen gebündelt werden, die Kraftstrahlen, die Wärmestrahlen und die Lichtstrahlen des ganzen Weltalls. Sie strahlen zusammen in dem Brennpunkt, der je nach Art der Linse weiter oder näher ist, und bleiben nicht etwa in dem Brennpunkt stehen, sondern gehen durch sich selbst hindurch und strahlen wieder auseinander. Dieses ist das Kräfte-Bild für die Sonne. Denn die Sonne entsteht nur, indem von den höchsten geistigen Wesen, die in den Sternen wohnen, dort, wo wir die Fixsterne sehen, indem von diesen Wesen Gedanken, Gefühle, Willenskräfte wie aus einem Quellgrund der

Welt fortwährend hervorgehen und auf die Sonne ausgerichtet sind, so dass man zu einem vollkommen anderen Bild kommt als demjenigen, das die heutige Astronomie sich vorstellt. Die von diesen geistigen Wesen impulsierten Kräfte aus den höchsten göttlichen Quellgründen des Kosmos strahlen in die Sonne selbst hinein, und im Hineinstrahlen durchdringen sie sich, verschlingen sich miteinander, sie bilden und schaffen Keimpunkte und Keimbilder für alles Lebendige und strahlen dann aus diesem Brennpunkt wieder hinaus zu den Planeten: Neptun und Uranus, Jupiter und Saturn, Mars und Venus, Merkur. Von diesen Planeten werden sie wiederum geistig aufgefangen und verwandelt zurückgespiegelt in der Art und Weise, wie sich die Planeten um die Sonne bewegen. Alles Zurückgespiegelte verbindet sich mit dem, was von den Planeten selbst ausgeht, also wiederum in den Brennpunkt Sonne hineinstrahlt und dann aus ihm ausstrahlt durch das ganze Planetensystem hindurch bis zur Erde. Denn die Erde hat unter den Planeten eine Sonderstellung. Auf ihr allein leben Pflanzen, Tiere, Menschen.

Das Welten-Wesen der Sonne: Kräfte – aus dem ganzen Umkreis einstrahlend, sich miteinander durchdringend und Keime bildend, ausstrahlend zum näheren Umkreis, von dem näheren Umkreis wieder zusammenstrahlend, ausstrahlend bis zum weitesten Umkreis, wieder zurückstrahlend und dann wieder in das Ursprüngliche zurückgehend – ein dreifacher Atem von Kräften, Bildern, Impulsen, welche die göttlichen Wesen miteinander austauschen. In dieses große Geschehen ist die Erde einbezogen. Sie ist gegenüber den anderen Planeten, insbesondere gegenüber dem Mond, insofern etwas ganz Besonderes, als sie diese Strahlen, die Keime, Kräfte, Bilder wie ein Spiegel auffängt, aber sie nicht, wie der Mond es zum Beispiel tut, zurückwirft; vielmehr nimmt sie diese in sich auf, und im Aufnehmen lässt sie selbst aus ihren Tiefen hervorgehen, was Steine, Pflanzen, Tiere und Menschen auf der Erde sind. Ein *lebendiger* Spiegel, ein Spiegel, welcher der Sonne ihr Leben zurückspiegelt, aber eben als Erdenleben, als Erdenwesen.

>»*Sieh, du mein Auge,*
Der Sonne reine Strahlen
Aus der Erde Formenwesen;
>
> *Sieh, du mein Herz,*
Der Sonne Geistgewalten
Aus des Wassers Wellenschlägen.
>
> *Sieh, du meine Seele,*
Der Sonne Weltenwillen
Aus der Lüfte Glanzgeflimmer;
>
> *Sieh, du mein Geist,*
Der Sonne Götterwesen
Aus des Feuers Liebesströmen.«[3]

Erde, Wasser, Luft, Feuer – die Erdenelemente werden durch die Sonne angeregt, so dass sie in lebendigem Spiegel das Sonnenleben in tausendfacher Vervielfältigung wiedergeben. Warum jauchzt denn unser Herz so, wenn wir in den Maitagen hinausgehen in die Sommernatur, in die Mainatur? Vielleicht ist der Himmel bedeckt, aber von unten leuchtet es herauf; und wenn die Wolken weitergezogen sind und die Sonne selbst hineinscheint – wie herrlich leuchtet die Natur! Das wahre Wesen der Sonne ist der Ort im Weltall, der das Zusammenwirken aller Weltenwesen und Weltenkräfte in sich hineinnimmt, aus sich wieder ausstrahlen lässt, wieder in sich hineinnimmt, wieder aus sich ausstrahlen lässt, noch einmal in sich hineinnimmt und schließlich dorthin zurückgibt, von wo er es empfangen hat. Das Intensivste und Konzentrierteste im Weltall – gleichzeitig das Selbstloseste. Goethe hat den Mittelpunkt der Evangelien verehrungswürdigerweise neben die Sonne gestellt; aber auch er hat nicht nur das Gleichnishafte der Sonne empfunden, sondern mehr noch, dass in einer Weise wesenhaft Sonne und Sohn dasselbe sind, wenn auch in zwei vollkommen verschiedenen Offenbarungen. Der Geistesforscher Rudolf Steiner verdeutlicht diese Wesenhaftigkeit:

> *»Sonne, du strahlentragende,*
> *Deines Lichtes Stoffgewalt*
> *Zaubert Leben aus der Erde*
> *Unermesslich reichen Tiefen.*
>
> *Herz, du seelentragendes,*
> *Deines Lichtes Geistgewalt*
> *Zaubert Leben aus der Menschen*
> *Unermesslich tiefem Innern.*

Schau ich in die Sonne,
Spricht ihr Licht mir strahlend
Von dem Geiste, der gnadevoll
Durch Weltenwesen waltet.

Fühl' ich in mein Herz,
Spricht der Geist sein Eigenwort
Von dem Menschen, den er liebt
Durch alle Zeit und Ewigkeit.

Sehen kann ich aufwärtsblickend
In der Sonne hellem Rund
Das gewalt'ge Weltenherz.

Fühlen kann ich einwärtsschauend
In des Herzens warmem Schlag
Die beseelte Menschensonne.« [4]

Sehen Sie, hier ist die innere Identität zwischen Herz und Sonne, zwischen Mensch und Kosmos hergestellt.

Wenn wir nun versuchen, mit allem Respekt versuchen, von diesem Sonnenbild her in das Christus-Ich hineinzuschauen, was finden wir dann?

Nicht wahr, ein Ich ist doch nur wirklich ein solches, wenn von ihm fortwährend Wirkungen ausgehen in die Welt, wenn es tätig, schaffend ist. Es ist nur dann ein Ich, wenn umgekehrt aus der Welt für dieses Ich Erfahrungen, Bereicherungen hereinkommen, so dass sie es erweitern, vergrößern, so wie das Ich, indem es in die Welt hinauswirkt, dieselbe verändert. Wir sehen in dem Verhältnis von Ich und Welt – Welt und Ich den ersten Grundprozess jeglicher Ichheit vor uns.

Des Weiteren gehört zu einem Ich, dass es nach der anderen Seite hin orientierbar ist, nämlich sich zum Geiste wenden und diesem – wie der Welt – etwas zustrahlen kann und umgekehrt vom Geiste in dieses Ich Inspirationen hereinwirken können. Wir stehen wiederum vor einer Wechselwirkung: vom Ich zum Geist – vom Geist zum Ich.

Das Ich ist aber schließlich nur dann ein solches, wenn ihm andere, gleichberechtigte Iche brüderlich, geschwisterlich begegnen, so dass nicht nur das Verhältnis Ich und Welt – Welt und Ich, das Verhältnis Ich und Geist – Geist und Ich, sondern auch das Verhältnis Ich und Ich eintreten kann.

Wenn man diesen Prozess zusammenfasst, um das wahre Ich-Leben, die gesamte Ich-Dynamik, die gesamte Ich-Wirklichkeit sich zu vergegenwärtigen, dann wird sichtbar, wie auch noch von der Welt durch das Ich zum Geist und vom Geist durch das Ich zur Welt etwas geschieht. In den sieben Verhältnissen: vom Ich zur Welt – von der Welt zum Ich, vom Ich zum Geist – vom Geist zum Ich, von Ich zu Ich, und schließlich von der Welt *durch* das Ich zum Geist – vom Geist *durch* das Ich zur Welt –, in diesen sieben Grundvorgängen verwirklicht sich das Leben eines Ich. Und nun sehen Sie, verehrte Anwesende, wie diese Verwandlungsprozesse an die der Sonne erinnern, für welche es charakteristisch ist, dass sie das aus dem Umkreis ihr Zuströmende in sich hineinnimmt, verwandelt, durch sich ausstrahlen zu den

Planeten, wieder zurückstrahlen, noch einmal ausstrahlen lässt zur Erde, noch einmal zurücknimmt und schließlich dorthin zurückgibt, wo es herkommt, zu den Fixsternen.

Die Menschheit ist noch auf dem Wege, das Ich in dieser vollständigen siebenfältigen Weise auszubilden, zu erfassen. Doch war ein solches Ich einmal als Mensch auf der Erde, es lebt seither als das Ich des Auferstandenen mit uns Menschen auf der Erde, das vollständige, göttlich-menschliche siebenfältige Ich des Christus.

Wir finden im Johannesevangelium jene Offenbarungen, die dieses Ich selber ausgesprochen hat, die sieben Ich-bin-Worte:

»Ich bin das Brot des Lebens.« Man kann auch sagen: Mein Ich, das wahre Ich ist in dem einen ersten Strahl seines Daseins und Wirkens das Brot des Lebens. Vom Ich zur Welt, ernährend.

Das zweite Wort: »Ich bin das Licht der Welt.« Gemeint ist nicht etwa das Licht, das von der Welt stammt, das ist das äußerlich gewordene Sonnenlicht. Das Licht hingegen, das aus dem Ich des Christus herausleuchtet, ist sein Bewusstsein von seiner Verbundenheit mit dem Vater. Indem er den Satz spricht: »Ich bin das Licht der Welt«, heißt das: Vom Vater durch das Ich in die Welt strömt das Licht, das Ich bin.

Das Christus-Wesen hat auch nicht den geringsten Zweifel darüber gelassen, wie sich Ich und Ich miteinander verhalten. Er betrat als Mensch die Erdenwelt, als Erdenmensch lebte er unter uns. Er sagt zu den Jüngern: »Ich sage hinfort nicht, dass ihr Knechte seid; denn ein Knecht weiß nicht, was sein Herr tut. Euch aber habe ich gesagt, dass ihr Freunde seid ...« Brüderlich wird das Sonnen-Ich des Sohnes, wenn es sich mit den Ichen der anderen Menschen berührt, mit ihnen durchdringt. Das Ich ist die Tür von Ich zu Ich; wer nicht durch das Ich zum Ich kommt, ist ein Räuber.

Im innigsten Zusammenhang mit diesem Ich-bin-Wort steht das folgende, das Wort von dem guten Hirten. Die Menschen-Iche sind in der Welt; indem das Christus-Ich sie begleitet, hütet es sie und hilft, dass sie aus der Welt zum Ich kommen, ein jeder zu seinem Ich. So wie das Christus-Ich im Brot des Lebens vom Ich zur Welt strahlt, so strahlt es als der gute Hirte von der Welt zum Ich – von den Ichen der Menschen zu Seinem Ich.

Die beiden folgenden Ich-bin-Worte im Johannesevangelium hängen mit der Auferstehung zusammen. Das eine wird am Grabe des aufzuerweckenden Lazarus gesprochen: »Ich bin die Auferstehung und das Leben.« Auferstehung und Leben: sobald das Ich in sich zum Geist erwacht, erfolgt die Bewegung vom Ich zum Geist; das Ich erwacht, wird leuchtend, das Ich wird selber Geist und hat die Verbindung mit dem Geistigen. Das Ich des Menschen in dem Ich des Christus. Die Auferstehung im Ich – das Ich selbst: Auferstehung.

Das andere Wort kommt bereits in den Abschiedsreden vor: »Ich bin der Weg, die Wahrheit und das Leben.« Der Weg, der von außen herein das Geistige dem Ich erarbeitet; die Wahrheit, die in dem Ich als die geistige Wirklichkeit aufleuchtet; und schließlich das Geistige, das im Ich leben wird. Zuvor hatten wir auf das Ich gesehen, das im Geiste leben wird, jetzt ist von dem Geist die Rede, der in dem Ich leben wird. Vom Geist zum Ich, zur Wahrheit und zum Leben des Ich.

Dann das letzte: Der Vater ist der Weingärtner, das Ich des Sohnes ist der Weinstock, die Menschen-Iche sind an diesem Weinstock die Reben. Bleiben sie mit dem Weinstock verbunden, so bringen sie geistige Frucht. Die Welt ist in Wahrheit ein Weingarten, was aus der Welt in der richtigen Weise in das Ich hereinzieht, wird in ihm so verarbeitet, dass es als Frucht zurückgegeben, ja, dass sogar die ganze Welt dem Vater zurückgegeben werden kann, aus dem sie hervorgegangen, nicht durch den sie geschaffen, aber aus dem sie hervorgegangen ist. Von der Welt – durch das Ich – zum Geist – zum Vater.

Mit dieser majestätischen Ruhe, mit dieser sonnenhaften, fortwährenden inneren Bewegung wandelt das Ich des Sohnes als Sonne über die Erde. Vielleicht darf man jetzt die Frage stellen: Wenn das Ich des Sohnes so ist, dass von ihm zur Welt und von der Welt zu ihm das Leben pulsiert, dass von ihm zum Geist und vom Geist zu ihm das Leben atmet, dass von Bruder zu Bruder, von Ich zu Ich das Leben wirkt und dass schließlich vom Geist durch das Ich zur Welt und von der Welt durch das Ich zum Geiste das Leben wirkt – wer ist er selbst?

Er hat die Antwort nicht unmittelbar ausgesprochen, aber er hat den ganzen göttlich-sonnenhaften

Seinszusammenhang aus dem dynamischen Vorgang der siebenfältigen Ich-Bewegung gewissermaßen zusammengezogen in eins. Und dort heißt es: »Gleichwie mich mein Vater liebet, also liebe ich euch auch; bleibet in meiner Liebe! So ihr meine Gebote haltet, so bleibet ihr in meiner Liebe, gleichwie ich meines Vaters Gebote halte und bleibe in seiner Liebe.« Der Vater in mir, ich im Vater, ich in euch und ihr in mir. Dieses »in mir«, »in ihm« und »in euch« ist jedoch nicht einfach ein absolutes, stilles Sein, sondern es trägt in sich alle Attribute der Namen Christi. Denn die Namen Christi sind selber die Offenbarung seines Ich: der Sohn – das Weltenwort – der Herr – der Gesalbte, der Christus – der Heiland – das Opferlamm. Indem man diese Namen hört, sie sprechen lässt, zeigt er sich als: der in Ewigkeit geborene Sohn vom Vater – der die Welt Schaffende, der Logos, das Weltenwort – der das Ich Anregende, der Herr des Ich – der die Welt Heilende – der den Menschen in seinem Ich Durchdringende – der sich immerfort Opfernde.

Je geistiger wir die Sonne fassen – je besser wir die Ich-Aussagen des Evangeliums erfassen, um so näher rücken Sonne und Evangelium aneinander, die bei Goethe zwar ahnungsvoll durch Verehrung verbunden, aber doch noch nebeneinander gestellt sind. Die Sonne – der adäquate Leib des Sohnes, der Sohn – der wahre Geist der Sonne.

Woher aber stammt ihre Zusammengehörigkeit? Sie muss doch sowohl kosmisch als auch geistig in der Natur des Strahlensammlers und Strahlensendenden liegen.

Erlauben Sie, verehrte Anwesende, an dieser Stelle etwas anzuführen, was allerdings zu den höheren Forschungsergebnissen der Geisteswissenschaft gehört. In den Vorträgen über den Menschen im Lichte von Okkultismus, Theosophie und Philosophie beschreibt Rudolf Steiner, wie unser jetziger Kosmos aus früheren, mehr geistigen Zuständen entstanden ist, in denen das Physisch-Sinnliche und das Geistig-Wesenhafte einander näher und in stärkerer Wechselwirkung waren. Und das Gebilde jener älteren Schöpfung ist auch der Sonnenzustand des Planetensystems. Vor dem Blick des geistig diese Vergangenheit Schauenden erscheinen zwei verwandte Wesen. Wir dürfen Rudolf Steiner sehr dankbar sein, dass er in dem Vortragszyklus »Der Mensch im Lichte von Okkultismus, Theosophie und Philosophie« den Ursprung der Sonnen-Ichhaftigkeit des Christus-Wesens aufgezeigt hat. Er beschreibt die Zustände auf der alten Sonne, wo zwei geistige Brüder, die einander sehr ähnlich sind, einander gegenüberstehen – Luzifer und Christus:

»Wenn wir den Blick hinwenden auf der einen Seite zu Christus, auf der anderen Seite zu Luzifer, dann werden wir allerdings noch etwas anderes gewahr. Wir werden gewahr, dass Luzifer, der Venus-Herrscher, in einer außerordentlich lichtvollen Gestalt erscheint – obwohl geistiges Licht gemeint ist –, so dass wir die Empfindung haben: Aller Glanz, der jemals uns kommen kann durch eine Betrachtung, die von der Offenbarung des Lichtes ausgeht, ist etwas Geringfügiges gegen die Majestät Luzifers in der alten Sonnenzeit. Aber wir bemerken innerhalb dieses Luzifer, wenn wir auf seine Intentionen, die ja dann zu durchschauen sind, eingehen, dass er ein Geist ist, welcher durch alles das, was er an sich hat, begabt ist mit einem unendlich großen Stolze, mit einem solchen Stolze, dass man durch diesen Stolz auch versucht werden kann. Denn bekanntlich werden selbst Dinge, die der Mensch bis zu einem gewissen Grade hin nicht verführerisch findet, dann verführerisch, wenn sie zu majestätischer Größe werden. Und der Stolz in seiner majestätischen Größe wirkt auch verführerisch. Das ist das Verführerische des Luzifer, in seiner stolzen Größe, in seinem Stolz auf seine Lichtgestalt. Dasjenige, was man unoffenbares Licht nennen kann, das Licht, das nicht äußerlich leuchtet, sondern in sich selber die große starke Kraft hat, das hat er in vollstem Maße. Und daneben ist die Gestalt des Christus in der alten Sonnenzeit, der sozusagen der Herrscher des Sonnenplaneten ist, ein Bild vollster Hingabe an dasjenige, was ringsherum sonst in der Welt ist. Während Luzifer eigentlich nur auf sich selbst bedacht erscheint – man muss das alles in menschliche Worte kleiden, obwohl sie nicht ausreichen –, erscheint der Christus als hingegeben an dasjenige, was ihn in dem weiten, weiten Weltall umgibt.

So war dieses weite Weltall nicht, wie es heute ist. Wenn man heute sich auf die Sonne versetzte, würde man ja, radial ausschauend, zunächst blicken auf die zwölf Sternbilder des Tierkreises. Die waren in äußerer Sichtbarkeit damals als solche nicht vorhanden. Dafür waren aber vorhanden zwölf Gestalten, zwölf

Wesenheiten, die, da ja der äußere Raum nicht von Licht erfüllt war, aus der Tiefe der Dunkelheit, aus der Tiefe der Finsternis heraus ihre Worte erschallen ließen. Was waren das für Worte? Ja, sehen Sie, das waren Worte – das Wort Wort wiederum ist nur ein Surrogat, um das anzudeuten, um was es sich handelt –, das waren Worte, die kündeten von uralten, dazumal schon uralten Zeiten. Das waren zwölf Welt-Initiatoren. Heute stehen in der Richtung dieser zwölf Weltinitiatoren die zwölf Tierkreisbilder, und von ihnen aus tönt zu der Seele, die aufgeschlossen ist der ganzen Welt, die ursprüngliche Art des unausgesprochenen Weltenwortes, das aus den zwölf Stimmen gebildet werden konnte. Und während – ich muss jetzt anfangen bildlich zu sprechen, weil eben Menschenworte nicht ausreichen – und während Luzifer einzig und allein in sich den Drang hatte, mit dem in ihm vorhandenen Licht alles zu bestrahlen und es *dadurch* zu erkennen, gab sich der Christus den Eindruck dieses Weltenwortes unaussprechlicher Art hin und nahm es ganz, ganz in sich auf; so dass sie jetzt in der Christus-Seele vereint waren, dass diese Christus-Seele das Vereinigungswesen war der großen, durch das unaussprechliche Wort hineintönenden Weltgeheimnisse. So tritt uns der Gegensatz des das Weltenwort empfangenden Christus und des stolzen Luzifer, des Venusgeistes entgegen, der ablehnt das Weltenwort und mit seinem Lichte alles ergründen will.«

Das ist das innere geistige Bild für das Sonnen-Ich des Sohnes, des Gottessohnes, der Ort, in dem alles zusammenströmt, von dem alles ausströmt. Indem Christus dem Wort der Geistwesen hingegeben ist, wird er der Träger des Weltenwortes, wird er der Logos selbst.

Will der Mensch aber nicht nur die Offenbarungskraft Christi als Sonnenherr, als Sonnenwort, sondern auch als den Sohn des Vatergottes empfinden und erleben lernen, wollen wir die eigentliche Wirklichkeit dieses Wesens erleben, dann können wir ahnen, wie die siebenfältige Ichheit seines göttlichen Wirkens sich in Eins zusammenfasst, mit sich selbst erfüllt und durchdringt. Es ist die tiefste Kraft des Göttlichen – die zur tiefsten Kraft des Menschlichen werden will. Es ist Liebe, in der das wahre Wesen des Sonnen-Sohnes schaffend weset.

Das ringende Ich des Menschen

Meine sehr verehrten, lieben Anwesenden!

Wir haben gestern Abend versucht, das göttlich-geistige Ich-Wesen anzuschauen, das das Mysterium von Golgatha vollzogen hat und seither unsichtbar unter uns lebt. Wir haben diesen Versuch zunächst mit Bezug auf die Sonne und ohne Bezug auf uns Menschen unternommen, ich möchte sagen, rein für sich, so wie man versuchen kann, am Gleichnisbild der Sonne eine Art Lebensverständnis für das siebenfältige göttliche Ich zu erarbeiten.

Kommt man nun von dorther zu uns Menschen, dann könnte man meinen, alles weitere Verständnis sei verhältnismäßig einfach zu erwerben. Man schaut auf die Naturreiche: Das Mineralreich ist dadurch charakterisiert, dass Steine einen materiellen, physischen Leib haben; die Pflanzenwelt dadurch, dass zu diesem körperlich-materiellen Leibe das Leben dazutritt, die Lebenskräfte; das Tierreich, dass diese lebendige Leiblichkeit durchseelt ist, dass da Seele lebt. Dann kommt man zum Menschen: Er hat ein Ich. Und nun beginnt die Schwierigkeit, denn ein Ich zu sein und ein Ich zu haben, existenziell, von der Natur, von der Schöpfung her, davon ein Bewusstsein zu bilden und dieses Ich nicht nur zu haben, sondern zu handhaben – das ist ein außerordentlich vielschichtiger Prozess.

So möchte ich um eine gewisse Nachsicht bitten, wenn ich Sie und mich heute Abend ein bisschen strapazieren muss. Schon das Sich-Heranarbeiten an das Ich ist, wie der Wiener so nett sagt, a Strapaz. Ich habe öfter erleben müssen, dass Menschen allein mit dem Erfahren unseres Ich überhaupt nicht zurechtkommen, weil sie sich fragen müssen: Was ist in mir oder an mir, oder bei mir, oder mit mir dieses Ich? Eines ist ja deutlich, dass wir eine Erfahrung, ein Erlebnis von diesem Ich gar nicht anders als innerhalb unseres Bewusstseins haben können. Aber damit erhebt sich sofort die nächste Frage: Ist das Bewusstsein das Ich, oder ist dieses Bewusstsein, das wir vom Aufwachen bis zum Einschlafen haben, in dem wir leben, nur ein Raum, in dem alle unsere Erlebnisse sich abspielen, von den Wahrnehmungen draußen, über die Gedanken, Vorstellungen und Erinnerungen, über die Emotionen, über die Begierden, Leidenschaften, Willensimpulse bis zu den Handlungen? Die Fülle unseres Lebens und Erlebens tragen wir in diesem Bewusstsein. Ist dies das Ich? Oder muss innerhalb dieses Bewusstseins, damit ein Ich-Erleben, eine Ich-Vorstellung möglich wird, auch noch ein Selbstbewusstsein entstehen, ein Ich-Bewusstsein? Wie kommt denn zunächst das Bewusstsein selbst zustande? Wodurch erleben wir morgens, wie es entzündet, durchlichtet wird, wie es der zusammenhängende, einheitliche Raum von draußen und drinnen ist, in dem sich alles zuträgt, und wie es am Abend mit dem

Einschlafen wieder ausgelöscht wird? Wo liegt innerhalb des Bewusstseins die Selbstwahrnehmung? Schon hier begegnen wir etwas Rätselhaftem. Denn die Tatsache, dass wir unser Selbst wahrnehmen, hängt nicht etwa mit einer direkten Wahrnehmung des Selbstes im Tagesleben zusammen. Ich sage: ich denke – aber ich habe das Denken im Bewusstsein, nicht mich; ich sage: ich will – ich habe jedoch das Wollen im Bewusstsein, nicht mich. Das Ich bleibt im Hintergrund. Man hat zwar den Eindruck, die Kontinuität aller unserer Erlebnisse sei dadurch gewährleistet, dass wir uns heute an gestern und vorgestern usw. erinnern können. Doch müssen wir erneut fragen, ob es sich bei diesen zusammenhängenden Erfahrungen und Erlebnissen um das Ich oder die Ich-Wahrnehmung handelt.

Des Rätsels Lösung ist geradezu aufregend. Rudolf Steiner weist in seiner Geisteswissenschaft darauf hin, wie entscheidend es ist, dass in dem fortlaufenden Strom der gesamten Erlebnisse durch den Schlaf fortwährend ein Hiatus entsteht: der Einschnitt der Bewusstlosigkeit. Und gerade dort, wo der Schlafzustand die Kette der Erlebnisse unterbricht, verbirgt sich, was die Erlebnisse des Tages aufgenommen, sich an ihnen entzündet, mit ihnen verbunden und sie wieder losgelassen hat: das Ich. Die wirkliche Identität meiner selbst mit mir selbst kommt nur dadurch zustande, dass ich unbewusst diese nächtlichen Lücken wahrnehme, ein dunkles, abgründiges Loch des Schlafzustandes, der Bewusstlosigkeit innerhalb der leuchtenden Fülle aller meiner Erfahrungen. Innerhalb des Bewusstseins tritt das Ich-Bewusstsein dadurch auf, dass wir eine Minus-Wahrnehmung haben, hinter der unser Ich verborgen ist und aus dem heraus wir dann sagen: Ich gehe, ich denke, ich will –, aber ich habe das Denken, das Wollen, das Gehen im Auge, nicht das Ich, das steht im Hintergrund.

Wenn man sich nun fragt, wie das Ich, das hinter unseren Vorstellungen steht, für ein gewisses Erleben auch im Wachen erscheint, kommt man zu dem Ergebnis, dass, sobald der Mensch Neues erfährt, versteht, aufnehmen kann, das Ich nicht in Erscheinung tritt; sobald jedoch etwas unverständlich wird und der Mensch sich damit überhaupt nicht verbinden kann, das Ich dieses Nichtverstehen anmeldet. Verstehe, erfahre ich etwas, dann bin ich diesem Vorgang restlos hingegeben, er ist der Inhalt meines Seelenlebens, meines Bewusstseins, und das Ich bleibt vergessen im Hintergrund. Wenn ich mich aber um das bemühe, was ich nicht begreife, ist plötzlich das Ich aus dem Hintergrund hereingeschoben. Hinter den Vorstellungen, hinter den Gedanken, den Wahrnehmungen arbeitet das Ich. Ebenso verhält es sich mit den Begierden: Werden sie erfüllt, so sind sie selbst und ihre Befriedigung der Inhalt des Seelenlebens; werden sie hingegen nicht erfüllt, so wird im Nu das Ich bemerkbar.

Zu dieser Ich-Wahrnehmung, die so undeutlich, so unbestimmt ist, tritt das Selbstgefühl. Es kommt dadurch zustande, dass jede Willensregung und jeder Gedanke, den wir denken als Inhalt unseres Seelenlebens, wie auch die meisten Wahrnehmungen mit Gefühlen verbunden sind. Man nennt das in der Psychologie Gefühlsbetontheit der Vorstellungen, der Absichten, der Willensimpulse, der Gedanken. Dieses Fühlen trägt einen stark subjektivistischen Charakter, weil ich nämlich vergleichsweise, wenn ich etwas denke, nicht unbedingt meinen muss, dass ich es denke, sondern ich denke es einfach; und wenn ich etwas will, nicht unbedingt denken oder wollen muss, dass ich will, sondern ich will es eben. Der subjektivistische Charakter des Fühlens ist jedoch dieser: Ich fühle nicht nur, sondern ich fühle, dass ich fühle. Es handelt sich also nicht nur um eine emotionale Regung schlechthin, sondern um eine Regung in der Seele, die sich auf sich selbst bezieht, so dass im Mittelgrund des Bewusstseins in jedem Gefühl das Ich-Gefühl, die Selbstbezogenheit, die Subjektivität eingeschlossen ist. Hier wird das Ich am ehesten erreichbar. Während wir hinter Vorstellung und Denken das Ich nur im Unverständnis erfahren und hinter dem Wollen und Begehren das Ich nur im Unbefriedigtsein erleben, ist in der Subjektivität und Selbstbezogenheit aller Erlebnisse und Erfahrungen des Gefühlslebens, dieses Mittelgrundes, fortwährend das Ich so beteiligt, dass es schon näher an das bewusste Erleben herankommt. Das Ich, das hinter dem Vorstellen lebt, haben wir gewissermaßen hinter und über uns, das Ich, das hinter dem Wollen lebt, gewissermaßen unter und hinter uns, dagegen das, was ichhaft im Gefühl lebt, das ist tatsächlich im Herzen, im Fühlen, in der Mitte schon anwesend.

Selbstwahrnehmung und Selbstgefühl werden nun

allerdings in unserem gesamten Seelenleben durch einen Vorgang ergänzt, bei dem das Ich doch mehr in den Vordergrund rückt. Sobald wir Menschen nämlich von uns aus irgendetwas setzen, behaupten, nicht etwa irgendetwas wollen – da hält sich das Ich noch im Hintergrund –, aber sobald wir urteilen, erscheint das Ich im Vordergrund des Seelenlebens. Das ist der Punkt, an dem der Mensch in der Lage ist, von der Ich-Wahrnehmung, von der Selbstwahrnehmung über das Selbstgefühl, das auch noch etwas Dumpfes hat, wirklich den Schritt zum Selbstbewusstsein zu vollziehen. In allem Urteilen, in allem Setzen, wie Fichte sagt, steht das Ich im Vordergrund. Allein durch das Ich kommt ein Urteil, das zustimmende oder das verneinende, zustande. Ich sage »ja«, oder ich sage »nein«, und das sage *ich*. Das Selbstbewusstsein der Menschen kann sich eigentlich nur auf dieses Urteilen, auf diese Urteilsfähigkeit gründen.

Wenn man nun die Variationsmöglichkeiten der beiden fundamentalen Urteilsarten, der Bejahung und der Verneinung, des Ja-Sagens und des Nein-Sagens, deutlicher ins Auge fasst, dann sieht man, dass man unter anderem Gedankenurteile fällt: Ein Begriff leuchtet so ein, dass man ihn mit anderen Begriffen begründen kann, zum Beispiel das Urteil: Freiheit ist die Bestimmung eines Wesens durch sich selbst. Das ist ein reines Gedanken-, ein reines Begriffsurteil. Da wird Begriff mit Begriff verbunden.

Andererseits fällen wir Urteile, die mit dem Begriff auch die Wahrnehmung verbinden, zum Beispiel: Der

Baum ist grün. Wir haben den Begriff »Baum«, wir haben die Wahrnehmung »Baum«, den Begriff »grün« und die Wahrnehmung »grün«. Wir verbinden Begriffe mit Wahrnehmungen, wir bilden ein Wahrnehmungsurteil.

Die dritte Form von bejahendem oder verneinendem Urteil geht über das Gedanken- und Wahrnehmungsurteil noch einen Schritt hinaus. Wir sagen: Der grüne Baum ist! Das ist ein Existenz-Urteil, und zwar ein Urteil, das nicht nur die Bejahung eines Tatbestandes, eines Gedankenzusammenhanges ausdrückt, sondern dazu die Bejahung und Anerkennung einer Wirklichkeit. Jetzt gebe ich von mir aus, durch mein Urteil, durch mein existenzielles Urteil dem Tatbestand, den ich beurteile, Realitätscharakter, und ich sage: Das gibt es, das *ist*. Zu diesem Existenzurteil ist aber nur fähig, wer sich gleichzeitig *selber* Existenz gibt. Ich kann nicht sagen: Der Baum ist, der Stern ist, das Gute ist –, wenn ich nicht letztlich in demselben Atemzuge urteile: Und der, der das sagt, ist auch, und das bin ich!

Das Urteil »Ich bin« hat sich im Laufe der Menschheitsgeschichte erst allmählich entwickelt. Besonders zwei geschichtliche Gestalten zeigen das Ringen des Menschen um sein Selbstbewusstsein. Der eine ist Augustinus, der in seinem Suchen nach der Gottesgewissheit durch die tiefsten seelischen Zweifel beim Erleben des Zweifelns selber geht und sich dann sagen kann: Eine Sicherheit gibt es. Ich kann alles bezweifeln, aber dass ich zweifle, ist sicher – und damit der Zweifelnde selbst. – Sehr ähnlich rund 1000 Jahre später Descartes: Ich denke – also bin ich. Beide kommen zu einem Ich-Bewusstsein, zu einem Selbstbewusstsein in dem Sinne, dass sie ihrem Ich selber Existenz zusprechen. Wenn also das existenzielle Urteil in Bezug auf den Baum lautet: Der Baum ist –, oder: der grüne Baum ist –, dann lautet das existenzielle Urteil, das sich auf das eigene Ich bezieht, nicht nur: mein Ich ist –, sondern: Ich bin! Das ist keine Wahrnehmung mehr, auch kein Gefühl, auch keine Erkenntnis, sondern ein Urteil, eine Satzung, eine Behauptung. In dem Moment, in dem sich der Mensch sagen kann: Ich bin –, nicht: ich bin der oder der, oder das oder das, oder ich fühle, ich weiß, ich denke, ich will, oder ich nehme wahr, ich möchte, ich könnte –, und auch nicht nur: mein Ich ist –, da bin ich schon ganz nahe daran, sondern der eigentliche Vorgang: Ich bin –, ist dies eine Wirklichkeitsgebung des Ich sich selbst gegenüber. Verehrte, liebe Anwesende, nur ein geistiges, ein denkendes, ein urteilendes Wesen kann diese Selbstbestimmung, diese Selbsturteilsfällung vollziehen. Und ehe die Menschen nicht gelernt haben und immer wieder werden lernen müssen, in einem entscheidenden Augenblick ihres Lebens zu sich mit voller Wirklichkeit zu sagen: Ich bin –, eher gibt es kein Selbstbewusstsein im richtigen Sinne.

Man sieht mit einmal, dass im Menschen ein Ringen vorhanden ist, von der Selbstwahrnehmung, die noch ganz dumpf und sogar per Negation entsteht, über das Selbstgefühl, das schon weniger dumpf ist und doch noch undeutlich, bis zur Selbsterkenntnis in Form einer Selbstsetzung voranzuschreiten.

Selbstwahrnehmung, Selbstgefühl und Selbsterkenntnis, man könnte auch sagen Selbstbekenntnis, diese drei Elemente spielen im Laufe der Biographie eines jeden Menschen fortwährend zusammen, sie entwickeln sich auf großartige Weise in sieben Stufen.

Ein erster Anfang geschieht mit dem dritten, vierten Lebensjahr, in dem das Kind zum ersten Mal sagt: ich –, nicht: ich bin –, aber: ich, »ich will«, »ich will nicht«, ich gehe, ich schaue usw. Mit einmal wird das Ich-Wahrnehmen, das Ich-Erleben in die Sprache aufgenommen, es fließt in das Wort hinein, angeregt auch von außen, weil um das kleine Kind Menschen leben, die selber fortwährend »ich« sagen und »du« und nicht einfach bloß die Namen nennen. Aber auf der anderen Seite ist dieses erste Ich-Erleben auch dadurch angeregt, dass das kleine Kind nun in der Identifikation mit seinem gesamten leiblichen Dasein eine Art Ich-Wahrnehmung hat. Hier müssen wir auf einen ganz entscheidenden Punkt aufmerksam werden: Die Anregung zur Ich-Wahrnehmung, zum Ich-Gefühl, schließlich zum Ich-Bewußtsein stammt nicht nur aus dem Ich selber, sondern sie rührt wesentlich auch daher, dass der Mensch einen Leib hat, aus diesem Leibe Bewusstsein aufsteigt und in diesem Bewusstsein am Leibe sich das Ich spiegelt und dadurch wahrnehmbar, fühlbar, schließlich denkbar, urteilsfähig und beurteilbar wird. Die leibliche Organisation des Menschen hat für das Ich, für die Selbstwahrnehmung, für das Selbstgefühl, das Selbstbewusstsein eine fundamentale Bedeutung. Man kann nicht sagen, das Ich, das Selbst sei der Leib, man kann auch nicht sagen, es sei die Seele, und auch nicht, es sei das Bewusstsein, aber in allen dreien wird es entweder reflektiert oder erweckt. In dem dreijährigen Kind geschieht der erste Durchbruch des Ich-Erlebens, so dass aus diesem Ich ein gründliches Ja, aber auch ein gründliches Nein hervorgehen kann; und sowohl in dem Ja wie in dem Nein erlebt sich dieses wunderbare Ich. Es gibt ja Mütter, die mit dem Nein überhaupt nicht fertig werden.

Bei diesem zauberhaften Anfang bleibt es nicht: Im neunten Lebensjahr, das sind also ungefähr sechs Jahre später, kommt die zweite Phase. In ihr hat das Kind zum ersten Mal die Möglichkeit, das Ich als Ich zu erleben. Bei Jean Paul finden Sie zu diesem Lebensabschnitt die klassische Stelle, an welcher der Dichter erzählt, wie er als Knabe an der Holzlege steht und es jäh wie ein Blitz vom Himmel in ihn hereinfährt: Ich bin ein Ich! – Mit diesem neunten Lebensjahr ist das Ich-Erlebnis zugleich so beschaffen, dass wahrgenommen wird: Und ich bin nicht die anderen. Denn das kleine Kind ist noch insofern ein Ich, als es meint: Ich bin gleichzeitig die andern, ich bin auch der Stuhl, der mich geärgert hat, und ich bin auch der Tisch, an den ich den Kopf gestoßen habe. Mit dem neunten Lebensjahr hört diese Verwechslung des Ich mit der Umwelt jedoch endgültig auf – ein erstes Einsamwerden des Ich des Kindes. Oft haben dann die Kinder die Idee: Ich bin gar nicht das Kind meiner Eltern, ich bin irgendwo ausgesetzt gefunden worden. Solche und ähnliche Phantasievorstellungen kommen mit dem neunten Lebensjahr, der ersten Vereinsamung im Ich-Erlebnis auf.

Gehen wir von dem neunten zum vierzehnten Lebensjahr weiter, in das Lebensalter, in dem die Geschlechtsreife eintritt, in dem das Seelische des Menschen frei wird und das Ich-Erleben jetzt so stark in dieses seelische Erleben eingehüllt ist, dass der jugendliche Mensch das Gefühl hat – es ist die Stunde des Ich-Gefühls –: Ich bin eigentlich ein Ich, das Ich ist in meiner Seele wie verborgen, ich muss es schützen vor der Welt. Diese Seelenstimmung im vierzehnten Lebensjahr bringt dann die wunderbare Verinnerlichung des Ich-Erlebnisses mit sich. Zugleich die zweite Vereinsamung.

Drei, vier Jahre später bei dem 17-, 18-, 19-jährigen jugendlichen Menschen findet dann ein großartiger Durchbruch statt, denn er erlebt jetzt, dass er mit seinem Ich Herr seiner Gedanken ist, denken kann, was er will, und dass er jedem anderen Menschen das, was er selber denkt, vortragen, mit ihm diskutieren kann und darüber hinaus anfangen kann, selber zu urteilen, zu beurteilen und zu verurteilen. Nicht wahr, wir haben ja erlebt, wie die 17-, 18-, 19-jährigen jungen Burschen und Mädchen an der Universität den gescheitesten Universitätsprofessor an die Wand diskutieren! In dieser Zeitspanne erfolgt der Durchbruch zu einem Ich-Erleben, das sich als Herr des Vorstellens und Denkens empfindet und gern auch der Herr der Leidenschaften wäre, was es aber nicht ist. Es entstehen merkwürdige Spannungen zwischen dem Ich-Erleben, das Herr-Natur hat, und dem Ich-

Erleben, das Schwäche-Natur hat. Es beginnen innere Spannungen zu entstehen. Der Durchbruch in dem Alter von 17, 18, 19, 20 Jahren ist eben von einem leisen, unterschwelligen Schwächeerlebnis begleitet. Darum tun sie so gewaltig nach außen, die jungen Leute! Man muss es ihnen nicht übelnehmen, sondern man muss dahinterschauen und erkennen, wodurch das verursacht wird. Der Universitätsprofessor ist in einer schlimmen Lage, wenn er das für die ganze Wirklichkeit nimmt, was ihm da begegnet. Aber man muss dieses Sich-Äußern als das nehmen, was es ist: Triumph der Freiheit, Herrschaft des Ich über die Gedanken; die erste eigentliche Befreiung aus der Verhüllung, die mit dem vierzehnten Lebensjahr entstanden ist.

Zwei, drei Jahre später kommt es mit 21 Jahren zu dem entscheidenden Ich-Erlebnis. Der jugendliche Mensch steht innerlich auf und sagt: Herr meiner Gedanken zu sein, das habe ich hinter mir, ich möchte jetzt mich selbst bestimmen. Ich möchte nicht nur frei denken, ich möchte nicht nur selbst urteilen, sondern ich möchte mich selber bestimmen und von niemand anderem bestimmt werden! – Man nennt das die Großjährigkeit des Menschen. Es ist die vollberechtigte antiautoritäre Phase. Es ist ja kein Zufall, nicht wahr, dass Schüler und Hochschüler eben antiautoritär sind. Das ist doch richtig, einfach deshalb, weil hier das Ich erlebt, dass es eine Selbstbestimmung hat, sich selbst bestimmen, selbst führen will – ob es das kann, ist eine andere Frage, aber dass es das *will,* das ist deutlich. Jedenfalls möchte es nicht von anderen bestimmt werden, und darum hört man aus dem Munde der 21- bis 23-jährigen so oft das Wort: Was ich nicht will, das weiß ich, nämlich euch alle! – Aber was ich will? Das ist wesentlich schwieriger zu sagen, denn das wahre wirkliche Ich ist ja noch nicht ganz gegenwärtig.

So bewegt sich der Mensch an einigen interessanten Klippen vorbei auf das 26., 27., 28. Lebensjahr zu – jetzt darf ich hoffentlich weitersprechen, denn Anwesende sind ja immer ausgenommen. So wie wir mit dem vierzehnten Lebensjahr eine Vereinsamung erfahren, mit dem 17. einen Durchbruch, mit dem 21. einen Durchbruch und eine Vereinsamung, so tritt für uns mit dem 26., 27., 28. Jahr eindeutig die Tatsache ein, dass das Ich jetzt erlebt, was es selber nicht ist. Aufgrund dieser Distanzierung hat Fichte seine Philosophie entwickelt und versucht, zum wirklichen Ich-Erlebnis, zum Ich-Bewusstsein hinzuführen. Mit dem 26., 27., 28. Lebensjahr hört alles, was im Leben von selbst geht, auf. Indem ein Ende der Jugendlichkeit eintritt, beginnt das Ich sich von seinen Hüllen zu lösen – wenigstens erlebnismäßig, es braucht gar nicht faktisch zu sein –, und dadurch zieht die Krisis der Lebensmitte herauf. Nun kann tatsächlich eine eisige Vereinsamung eintreten, und der Mensch kann erleben:

>*»Die zur Wahrheit wandern,*
Wandern allein,
Keiner kann dem andern
Wegbruder sein.« (Morgenstern)

Jeder muss sich selber zum Stern durchsiegen. – Es tritt schon im neunten Lebensjahr ein Einsamkeitserlebnis auf, auch im vierzehnten eines und im 21. eines, aber alle diese Einsamkeitserlebnisse des Ich sind noch »auf dem Wege«. Um die Lebensmitte – der Mensch bewegt sich jetzt auf das 33., 35. Lebensjahr zu – werden das Ich-Bewusstsein, das Ich-Gefühl und die Ich-Wahrnehmung in eine Art totales Gleichgewicht gebracht, und es entsteht die existenzielle Frage: Ich bin ein Ich, aber was beginne ich damit? Bisher hat das Ich noch von selbst »funktioniert«, wenn ich das auch nicht in der Hand hatte, aber es hat mein Leben irgendwie geführt, getragen, weitergetragen, selbst dann, wenn ich gar keine Ahnung hatte, warum und wieso. Diese Lebenshaltung ist radikal zu Ende – und wo *bleibe* ich!? Das eigentliche Ringen des Ich, das heißt des Selbstbewusstseins, des Selbstgefühls und der Selbstwahrnehmung, führt nun zu einer Art reinem Erlebnis, indem dem menschlichen Selbst bewusst wird, dass es in sich vollkommen allein ist – in dem, was *ich* zu tun habe, nützt mir kein anderer Mensch, in dem, was *ich* will, kann ich nicht durch einen anderen ersetzt werden, ich bin wirklich selbst an der Reihe. Aber wie gestalte ich das?

Aus diesem Wie heraus ergibt sich allmählich das eigentliche Ringen des menschlichen Ich, nämlich das Erlebnis, dass die Vereinsamung, das Alleinwerden, das Alleinsein und auch das Alleinsein-Wollen, aber ebenso das Alleinsein-Müssen doch nur scheinbar ist, weil es außer dem menschlichen Ich zwei weitere Wesen gibt, die sich für dieses Ich brennend interessieren.

Das eine dieser beiden Wesen tritt fortwährend an das Ich heran – gerade weil das Ich jetzt bei sich selbst angekommen ist – und gibt ihm ein: Du bist jemand! Du hast doch deinen Inhalt in dir, du hast doch deinen Bestand in dir und deine Existenz in dir, und du kannst alles von dir aus und zu dir her! Verstärke nur dieses Selbstgefühl, verstärke nur dieses Selbstwollen, und dann bist du jemand! – Der Mensch merkt oder merkt nicht, dass allmählich der Inhalt seines Selbstbewusstseins Hochmut wird, Selbstheit, Selbstbezogenheit und dass sich mit diesem Hochmut Eitelkeit, Ehrgeiz und Intoleranz verbinden.

Das menschliche Ich ist eben in Wahrheit nicht allein, es ist bedroht von einer Macht, die in der Anthroposophie die luziferische genannt wird, die zu diesem Ich einen Zugang hat und ihm die Intention hochmütiger Selbstbezogenheit gibt. Und sehen Sie, genau das Gegenteil davon bewirkt die andere Macht, die ahrimanische, die sich für das menschliche Ich interessiert, die dem Menschen fortwährend seine Schwäche, seine Ohnmacht, seine Minderwertigkeit vorführt und jedesmal Recht hat! So lange vorführt, bis der Mensch dieser Macht selber recht gibt und die tiefsten Depressionen, die tiefsten Minderwertigkeitsgefühle und Ohnmachtszustände das Ich zu fesseln versuchen. – Man muss diese beiden Extreme scharf charakterisieren, wenn sie auch nicht bei jedem Menschen so stark hervortreten, aber ihr Wechselspiel ist bei uns allen fortwährend vorhanden, solange wir ein Ich-Bewusstsein aus dem eigenen Ich heraus entwickeln.

In der christlichen Vergangenheit gibt es für diesen Tatbestand großartige Zeugen, zum Beispiel Pascal, der danach fragt, was aus dem Menschen wohl geworden wäre, wenn kein Christus in die Menschheitsentwicklung eingetreten wäre. Und er hat sich gesagt: Wir können fühlen, dass der Mensch in seinem Ich zwei Gefahren ausgesetzt ist. Die eine Gefahr liegt darin, dass er das Göttliche in seinem Ich empfindet als zu seiner eigenen Wesenheit gehörig, dass er eine Art Gotteserkenntnis in der Menschenerkenntnis vollzieht. Wenn er das Göttliche nur in sich, in seinem Ich empfindet, führt das zum Stolz, zum Hochmut, zum Übermut, und der Mensch vernichtet seine besten Kräfte, weil er sie in sich verhärtet. – Andererseits könnte es Menschen geben, welche die Geistigkeit und Göttlichkeit des Ich ableugnen oder mindestens nicht finden. Deren Blick fällt auf die Schwäche des Ich, auf die Ohnmacht, das menschliche Elend des Ich, und es folgt die Verzweiflung, die Sinnlosigkeit des Daseins.

Das menschliche Ich steht mitten in diesem Kampf, in dieser ständigen Auseinandersetzung, so dass es nicht nur darum ringt, überhaupt erst einmal zu *sich* zu kommen – das haben wir vorhin angeschaut –, sondern auch darum, seinen eigentlichen *Bestand* aufrechtzuerhalten. Damit aber eröffnet sich vom Blick auf das Menschen-Ich die Frage nach dem Christus-Ich.

Sehen Sie, verehrte, liebe Anwesende, man muss es schon so formulieren, wie es ist: Zu der vollen Entfaltung des menschlichen Ich-Bewusstseins gehört das

Christus-Bewusstsein hinzu. Darf ich das noch einmal sagen: Zu der vollen Entfaltung des menschlichen Ich-Bewusstseins gehört das Christus-Bewusstsein *hinzu!* Warum? Weil eben das menschliche Ich, wenn kein Christus-Bewusstsein vorhanden ist, niemals wirklich Ich, sondern höchstens Selbst wird, das heißt niemals wirklich wesenhaft wird, sondern immer nur innerlich erfüllt ist mit dem, was andere Mächte, andere Wesen in diesem Ich entzünden, die das Ja und das Nein, das zu dem Wesen des Ich dazugehört, verfälschen, entweder in Bezug auf eine Selbststeigerung oder in Bezug auf eine fortwährende In-Frage-Stellung des Selbst, Selbstvernichtung.

Warum ist das so? Weil weder in der Selbstwahrnehmung noch in dem Selbstgefühl, noch auch im Selbstbewusstsein das wirkliche, wesenhafte menschliche Ich anwesend ist. Was anwesend ist in uns, wenn wir Selbstbewusstsein, Selbstgefühl, Selbstwahrnehmung entwickeln, ist nur die Spiegelung des wahren Wesens unser selbst als Erlebnisinhalt, als Bewusstseinsinhalt – und das bewirkt unsere Freiheit: Wir sind sogar frei von dem wirklichen Wesen unseres eigenen Wesens.

Wo also ist das menschliche Ich tatsächlich? Man findet es seiner Wesenheit, seiner Wirklichkeit nach gar nicht dort, wo das menschliche Selbstbewusstsein vorhanden ist. Darum sollte man unterscheiden zwischen Selbst und Ich: Selbstwahrnehmung, Selbstgefühl, Selbstbewusstsein – das ist das Selbst, das niedere Selbst, das Gespiegelte, aber auch das Freie. Wo ist jedoch mein wahres, reales Ich? Es reicht von dort, woher ich in meine Bewusstseinswirklichkeit selber hereinstrahle und darin mein Selbst entwickle, bis hierhin, wo ich im Ringen um den Inhalt dieses meines Selbst mit den Widersachermächten mich auseinanderzusetzen habe.

Wir haben vorhin bei der Selbstwahrnehmung festgestellt, dass über oder hinter unseren Gedanken, Erinnerungen und unserem Vorstellen das wirkliche Ich erst ist – und zwar als unsere Ideale; dass hinter unseren Willensregungen unser wahres Ich ist – als unser reiner, freier Wille, der nicht auf etwas Bestimmtes ausgerichtet, also nicht determiniert ist. Will der Mensch nun, angeregt und beleuchtet durch ein Christus-Bewusstsein, sein Ich-Bewusstsein diesem Christus-Bewusstsein entgegenbewegen, dann muss er auch das dritte finden, dass nämlich hinter seinem Fühlen sein wahres Ich als Christus-Sehnsucht – das heißt als Sehnsucht nach »IchWirklichkeit« – lebt. So wie unser wahres Ich über unserem Denken und Vorstellen als unsere Ideale real vorhanden ist, so wie unser wahres Ich unter unserem Begehren im unbewussten Tiefen unseres Seelenlebens als der reine Wille real vorhanden ist, der auf gar nichts Bestimmtes ausgerichtet ist, sondern rein zur Verfügung steht, so lebt hinter unserem Selbstgefühl die Christus-Sehnsucht, die Not nach dem Christus, wie es Rudolf Steiner nennt. Um das Selbst, das wir in Selbstwahrnehmung, Selbstgefühl und Selbsterkenntnis entwickeln und ergreifen, in die Christus-Richtung zu bringen, müssen wir nach den beiden uns nicht wesensgemäßen Seiten hin das Ich-Bewusstsein befreien von seiner Bindung. Befreien von seiner Bindung an unser Denken, Fühlen und Wollen; denn unser Ich-Bewusstsein ist mit unserem Denken, Fühlen und Wollen tief vermischt, bei dem Mann in anderer Weise als bei der Frau, bei der Frau mehr im Emotionalen, bei dem Mann mehr im Vorstellungsmäßigen – da ist unser Ich blockiert. Und wenn es uns nicht gelingt, an den beiden Punkten, an denen wir zupacken können, wirklich zuzupacken und die heilsame Bewegung zu vollziehen auf den Christus hin, bleibt das Ich in seiner Notsituation stehen, wir können 80 Jahre alt werden!

Was heißt das? Sehen Sie, in beiden Fällen handelt es sich um die Urteilskraft. Wir haben vorhin gesehen, dass im Urteilen das Ich in den Vordergrund rückt. Aber – solange ich die Wahrnehmungen, die Gedanken, die Empfindungen dazu benütze, um selber zu urteilen, schiebe ich immer etwas von meinem Ich in das Urteil herein. Wenn ich jedoch lerne, nicht *selber* zu urteilen, sondern das Ich so freizuhalten, dass ich den Elementen des Daseins – seien es Gedanken, Begriffe, Vorstellungen, seien es Wahrnehmungen, Erfahrungen, Erinnerungen – Gelegenheit gebe, sich selbst zu verbinden und zu lösen, das heißt in mir die Welt selber urteilen lasse, wird mein Ich selbstlos. Ich kann frei, mit vollem Ich-Bewusstsein die Elemente der Welt hereinnehmen in mich, ich kann sie in mir wach, ich kann sie beweglich machen, ich kann sie miteinander sich verbinden oder sich trennen lassen, aber sie sollten es selbst tun. Gelingt mir das nicht, schiebe ich sofort mein Ich herein, und jetzt ist es schon wieder verquickt, jetzt ist es schon wieder unfrei. – Und auf der anderen Seite bin ich überall dort, wo ein Begehren in mir vorhanden ist, wo das Ich im Hintergrund steht und in dem Begehren sich hereinschiebt und ich mich dann diesem Begehren ausliefere, wieder mit meinem Ich engagiert.

Ich kann aber bemerken, dass ich in die Wesenhaftigkeit meines Ich dann hereinkomme, wenn in mir die Möglichkeit eines reinen Wollens vorhanden ist, das niemals etwas Bestimmtes will, sondern das mitgeht, sobald etwas Richtiges eingesehen worden ist. Ich lasse die Welt selbst in mir urteilen und schließe mich dann mitwollend dem aus dem Urteil hervorgehenden Handeln frei an. So bewegt sich mein Ich-Bewusstsein und mein Ich-Wille in Richtung auf den Christus. Die betrübende, heilsame und übende Prüfung. Wir sind frei, sie zu suchen, wir sind frei, sie zu versäumen.

Suchen wir sie aber, dann kommen wir unserem eigenen wesenhaften, wirklichen Ich immer näher, und wir entdecken, dass es nicht nur in den Idealen über meinem Vorstellen, dass es nicht nur in dem reinen Willen unter meinen Absichten und nicht nur in der Christus-Sehnsucht hinter meinem Fühlen ist, sondern auch von außen aus der Welt als mein Schicksal auf mich zukommt. Dass mein wahres Ich nicht nur unmittelbar bei *mir* ist, sondern mir auch aus allem entgegenkommt, was als mein Schicksal, mein Karma, aus der Welt auf mich zukommt und zu mir gehört. Und sehen Sie, jetzt beginnt ein ganz anderes »Urteilen«, ein ganz anderes Ja- und Nein-Sagen. Denn in dem Maße, wie ich *ja* sagen lerne dazu, dass die Welt in *mir* urteilen kann, in dem Maße, wie ich *ja* sagen kann dazu, dass mein Wille frei zur Verfügung steht für das, was geschehen soll, auch *ja* sagen kann dazu, dass ich mich mit meinem Ich auf den Christus hinbewege, und dadurch *ja* sagen kann zu meinem Schicksal, wird mein Ich durch sich selbst bei sich selbst ankommen.

Immer wieder muss man mit sich selbst, mit den anderen Menschen ringen, dieses wesenhafte *Ja* zustande zu bringen. Denn in diesem Ja, meine sehr verehrten, lieben Anwesenden, wirkt ja auch das Ja zu dem Christus. Und dieses Ja zu dem Christus ist der christliche Glaube. Indem dieses Ja zu dem Christus langsam Wirklichkeit wird, bei dem ringenden Ich-Menschen zum Selbstbewusstsein das Christus-Bewusstsein hinzuentwickelt wird, können wir entdecken, erfahren, dass der Christus nicht mit dem Selbstbewusstsein des Menschen – da lässt er ihn frei –, aber mit dem *wesenhaften* Ich des Menschen verbunden ist. Wenn gefragt wird: Wo ist denn der Christus in mir? – dann kann gesagt werden: Er ist dort, wo die Ideale sind, wo der reine Wille ist, dort, wo die Christus-Sehnsucht waltet, er ist dort, wo das Schicksal auf uns zukommt. Wo das wahre Ich des Menschen ist, da ist Christus, und wo Christus ist, ist auch das wahre Ich, in seiner Hand findet sich der dreifache, der vierfache Stern des Ich. Das Ja zu Christus, das eine Tat des Ich-Bewusstseins des freien Menschen ist, bewirkt, dass mit dem In-das-Bewusstsein-Hereinkommen der Christus-Wesenheit auch das wahre Ich in das Bewusstsein eintritt. Ich bin, indem Christus in mir ist. Er ist schon in mir, insofern ich wirklich bin, aber er kann aus diesem wahren Sein auch in mein *Bewusstsein* treten. Und darum sind Selbstbewusstsein und Christus-Bewusstsein aufeinander angewiesen, und darum bedeutet ein Selbstbewusstsein ohne Christus-Bewusstsein die radikale Gefährdung des menschlichen Ich in Hochmut und – oder – Verzweiflung.

Die menschlichen Iche sind aus dem Vater-Gott hervorgegangen, aber der Vater-Gott hat diese menschlichen Iche dem Sohn übergeben. Für diejenigen Iche tritt der Sohn ein, die vom Vater sich losgelöst haben, die vom Vater freigegeben sind und in die Sphäre des Sohnes übergeben und übergegangen sind. Das geschieht in dem Maße, dass das Selbst mit der Wirklichkeit des Ich erfüllt wird, indem der Christus unserem Ich, das wir bejahen, Bestand gibt und indem er unserem Schicksal, das wir bejahen, Sinn gibt. Und indem ich zu dem Christus ja sage, gibt der Christus diesem meinem Ich einen Inhalt, der von Ihm ausgeht. Dieser Inhalt aber ist Liebe. Erst dann, wenn das Ich liebt, wird es Sonne. In der Hand Christi ist das Ich Stern, indem das Ich zum Menschen kommt durch Christus, wird das Ich Sonne, es wird warm und hell. Christus aufersteht im Ich des Menschen zugleich mit diesem Ich.

So wie man auf der einen Seite sagen kann, die große Gabe des Mysteriums von Golgatha ist, dass ein menschlicher Leib in die Auferstehung hereingenommen worden und dadurch Keim geworden ist für die Zukunft der Menschheit in Bezug auf die leibliche

Auferstehung, so kann man sagen, durch das Mysterium von Golgatha hat das Christus-Ich für das Menschen-Ich die entscheidende Tat getan, so dass ein immer klarer und reiner und selbstständiger werdendes Ich-Bewusstsein mit dem Christus-Bewusstsein sich verbindet und wir mit dem Apostel Paulus sagen können: »Nicht ich, sondern der Christus in mir«, und zwar in mir sowohl vorher – überbewusst – als auch nachher – Christus-bewusst.

In der Art und Weise, wie mein Seelisch-Geistiges zu meinem Physisch-Leiblichen sich einstellt, sich verhält, miteinander und durch einander lebt, wie mein Ich aus dem Ideal in das vorstellende Denken herunterragt und aus dem reinen Wollen heraufragt, ist die Christus-Begegnung möglich. Das »Christus in uns«, das wir auch im Kultus sprechen, ist auf der einen Seite eine tief okkulte Wirklichkeit – die ist es längst –, denn das Christus-Wesen ist eingezogen in jeden Menschen, der sich auf der Erde verkörpert; es ist auf der anderen Seite ein Wachstum, ein Werden, denn das Christus-Wesen schafft im Menschen; und es ist ein voller Aufgang, eine volle Verwirklichung des menschlichen Ich durch das Christus-Ich – so dass das Ringen nicht nur eines um Befreiung ist, nicht nur ein Kampfringen mit den Widersachern, sondern eben auch ein Hinringen, ein Hinarbeiten zu der Christus-Wesenheit. Das dreifache Ringen der menschlichen Seele, der um ihre wahre Existenz ringenden und darin durch das Christus-Ich gestärkten menschlichen Seele.

Karfreitagsbetrachtung
Das Kreuz auf Golgatha

Meine lieben Anwesenden!

Karfreitag! Er beginnt schon mit dem Todesleiden nach Mitternacht in Gethsemane. Dann die Gefangennahme noch vor dem Morgengrauen. Die Anklagen, Verleumdungen, Prüfungen vor den Hohenpriestern. Die Verurteilung zum Tode durch das Synedrium. Die Einkerkerung. Die Versuche der Übergabe von Seiten der »Kirche« – der jüdischen Volks- und Religionsgemeinschaft – an den »Staat« – den Römer – zur Exekution. Die Ratlosigkeit der weltlichen Macht. Das Hin- und Herschieben von Pilatus zu dem zuständigen Regionalherrscher des Heimatlandes Galiläa, zu Herodes, und dort Hohn und Spott über totale Bedeutungslosigkeit und Ohnmacht. Zurück zu Pilatus. Versuch der Freigabe durch Austausch – durch Prügelstrafe statt Todesstrafe – und die politischen Auseinandersetzungen über das »Königtum«. Preisgabe an die Soldaten zur endgültigen Verhöhnung des Königtums mit Dornenkrone, Purpurmantel, Schilfrohr. »Siehe – der Mensch.« Und dann: Preisgabe an das: »Kreuziget ihn«.

Der durch all dieses hindurchgeht – er spricht den ganzen Vormittag hindurch kaum ein Wort. Das Wenige, das er sagt, ist immer ganz umfassend. Und in gewissen entscheidenden Augenblicken: stilles Schweigen. Und dann – kurz vor Mittag – (woher war das Kreuz so schnell zur Hand?) der kurze Weg vom Palast zum Richtplatz. Kreuztragung. Mittagsstunde. Das Kreuz liegt am Boden – der Leib wird darauf gespannt – angenagelt – das Kreuz aufgerichtet und im Boden verankert.

Jesus am Kreuz. Das Bild des Kruzifixus – tausende Male in der christlichen Kunst seit dem Ende des Urchristentums dargestellt. Und damals: der volle »öffentliche« Anblick für die Menschen. Die Freunde – die Feinde – die Schergen. Christus am Kreuz. Unsichtbar für die Menschen – sichtbar für die geistigen Welten, die Elementarwesen der Erde, die Widersachermächte, die himmlischen Hierarchien, den Vater in den Himmeln.

Der Leib mit weit ausgebreiteten Armen und geschlossenen Füßen: selber Kreuz. Das Blut – ununterbrochen strömend, verströmend. Der Leib – der Träger der äußersten körperlichen Schmerzen. Das Blut – sich lösend aus der Leibgebundenheit, verströmend in äußerster Selbsthingabe an die Erde – die Erde als das Ganze von Erde, Wasser, Luft, Feuer, Wind, Wolken und Licht, von Stein, Pflanze, Tier und Mensch.

Das Schweigen des Anblicks wird zur Rune, zum Zeichen, zum Wort. Denn das Wort zu diesem Schweigen, zu dieser schweigend sprechenden Rune war schon gesprochen vor Mitternacht, vierzehn Stunden vorher: »Mit dem Brote esset meinen Leib. Mit dem Weine trinket mein Blut.« Was am Kreuze sich vollendet, hat da schon begonnen und wird auch immer weitergehen. Was am Kreuze für drei Stunden sinnlich sichtbar ist, der Leib, ist eine vollendete, reife und gereinigte Frucht, die mit der Kreuzigung an die Menschen hingegeben wird als ein Samenkorn, das sich zu der reinsten Form des Menschen vergeistigt. Es trägt in sich das Bekenntnis des Göttlichen zu dieser reinen Form des Leibes des Menschen – des Menschenleibes für das Menschen-Ich. Denn ohne »Leib« – er muss nicht stofflich sein, aber die Form muss vollständig menschlich sein –, ohne eigenen Leib kann ein Ich seines eigenen Seins nicht gewiss werden. Es würde formlos, haltlos bleiben müssen. Was von dem Kreuz in drei Stunden bis zum Tode und nach dem Tode durch den Lanzenstich in die Seite sinnlich sichtbar fließt – das Blut –, verströmt in Erde und Mensch, vergeistigt sich im Strömen zu einem Wärmequell, der aus sich selber schaffend lebt. In ihm fließt das göttliche Vertrauen zur Substanz des Menschen-Ich. Denn ohne Blut (es muss nicht stofflich sein, aber die Kraft der Substanzbildung für den Geiststoff des Ich muss es empfangen haben), ohne Blut kann sich das Ich nicht menschlich verwirklichen, es würde erlebnisleer bleiben.

Am Kreuze spricht im Leib das Bekenntnis der Gottheit zum Menschen. Es spricht im Blute der Glaube der Gottheit an den Menschen als ewig strömendes Vertrauen.

So ist das Bild nicht vollständig, wenn nicht zu dem sinnlichen, materiegetragenen Anblick das übersinnliche Bild, die übersinnliche Kraft hinzugefügt, hinzugedacht wird. Denn der diesen Jesusleib und dieses

Jesusblut vor die Menschheit sinnlich hinführt, ist in Wahrheit der Christus, der in Leib und Blut Jesu seine göttliche Liebe zum Menschen leuchten lässt, so wie wiederum im Christus selbst der Vatergott seine Liebe zum Sohn und durch den Sohn zum Menschen hin leben lässt.

Und dennoch: zu dieser schweigenden Sprache des Kreuzes erklingt in stillster Gestalt das menschlich ausgesprochene Wort. Die sieben Ich-Worte des Sonnensohnes Christus sind in das Johannesevangelium verwoben. Die sieben Seelenworte am Kreuz sind auf die vier Evangelien verteilt, die Christus-Worte sind am Kreuz zu Jesus-Worten geworden. Sie bilden eine geheimnisvolle Figur: Es schwingt in ihnen eine Ich-Bewegung, die zu einer Seelenbewegung geworden ist. Das wird kenntlich in dem Bezug, an den diese Worte gerichtet sind, denn die Ich-bin-Worte des Johannesevangeliums gehen wie reine Sonnenoffenbarungen an alle Welt. Die Worte am Kreuz beziehen sich ganz konkret auf Menschen, auf das eigene Sterben, auf den Vater, auf den eigenen Leib und auf das eigene Erdenwerk.

Als erstes gesprochen zu denen, die das Werk der Hinrichtung »zelebrieren« müssen: »Vater, vergib ihnen, denn sie wissen nicht, was sie tun.« Das Liebeswort der Vergebung geht vom Vater durch den Sohn zu den Menschen. Das zweite zu dem, der mitgekreuzigt ist: »Wahrlich, ich sage dir, heute noch wirst du mit mir im Paradiese sein.« Das Liebeswort des Trostes geht von dem Menschen durch den Sohn zum Geist, zur Geisteswelt. Das dritte Wort zu den menschlich ganz Nahestehenden: »Weib, siehe, das ist dein Sohn.« »Siehe, das ist deine Mutter.« Vom Menschen durch den Sohn zum Menschen strömt das Liebeswort der Menschenverbundenheit. Dann das Wort zu dem Vater: »Vater, in deine Hände befehle ich meinen Geist.« Das Wort der Liebe als das Wort der Ergebung geht vom Tode durch den Sohn zum Vater. Aber auch das Wort zu dem eigenen Leib bleibt nicht unausgesprochen: »Mich dürstet.« Er empfängt den Essig – die Galle – und trinkt. Das Saure und das Bittere, sie ziehen bis zuletzt die Seele an den Leib heran, so wie die körperlichen Schmerzen das schon den ganzen Tag hindurch getan haben. Das Liebeswort geht vom Sohn zu Leib und Blut hin. Wie fern sind jetzt die ersten Erfahrungen am Leibe gleich nach der Jordan-Taufe und den 40 Tagen ohne Nahrung, da ihn hungerte und die Versucher erschienen.

Und schließlich, ganz zuletzt der freie Blick auf das Ganze. Was von Anfang an gewollt war, was in seiner göttlich-menschlichen Vollständigkeit gelebt, gelehrt, geheilt und gelitten: »Es ist vollbracht.« Das Liebeswort umfasst das Werk der ganzen Lebens-Todes-Tat – vom Ich zum Werk, vom Werk zum Ich.

Wenn Liebe das ist, was von Wesen zu Wesen, von Welten zu Welten strömt, wärmt und leuchtet – dann sind es Liebesworte, die hier gesprochen sind. Das Kreuz auf Golgatha ist nicht nur ganz und gar ein Passionszeichen, eine Leidensrune, es ist auch ganz und gar ein Liebeszeichen. Es ist sehr tiefsinnig, dass die Rosenkreuzer nicht den Kruzifixus, sondern die sieben roten Rosen um das Kreuz gelegt haben. Der

Kruzifixus fehlt nicht, er ist in das schwarze Holz des Kreuzes hineingeheimnist; die Liebesworte aber erblühen in den sieben roten Rosen, sodass Goethe in seinem Fragment »Die Geheimnisse« in zarter Keuschheit fragen kann: »Wer hat dem Kreuz die Rosen zugesellt?«

Und es sind in der Tat sieben Worte. Die voran besprochenen sechs finden wir bei den Evangelisten an folgenden Stellen: Das Wort an die Schergen bei Lukas 23, 34. Das Wort an den Verbrecher bei Lukas 23, 43. Das Wort an die Mutter und den Jünger bei Johannes 19, 26-27. Das Wort an den Vater bei Lukas 23, 46. Das Wort von dem Durst bei Johannes 19, 28-29. (Bei den Synoptikern kommt das Wort als solches nicht. Es wird nur beschrieben, wie sie ihn tränken: Matthäus 27, 48; Markus 15, 36; Lukas 23, 36.) Und schließlich das Wort »Es ist vollbracht« bei Johannes allein. Bei Matthäus 27, 50 und Markus 15, 37 heißt es nur indirekt: Jesus rief laut und verschied.

Das eigentlich Rätselhafte der Worte Jesu am Kreuze ist aber nun das siebente, das, wenn man die Evangelien genau vergleicht, in der Mitte steht: »Mein Gott, mein Gott, warum hast du mich verlassen?« Es fehlt bei Lukas und Johannes vollständig, wir finden es bei Matthäus 27, 46 und bei Markus 15, 34 mit der Angabe: um die neunte Stunde. Dabei fällt sogleich zweierlei auf: Die griechischen Evangelien bringen das Wort in hebräischer beziehungsweise aramäischer Sprache in griechischer Transkription: »Eli, eli, lama sabachthani.« Und das zweite: das Wort wird sofort von den Dabeistehenden interpretiert: Siehe, er ruft den Elias (Matthäus 27, 47; Markus 15, 35). Man darf sofort den Eindruck gewinnen, dass diese Interpretation zu den abgrundtiefen Missverständnissen der Menschen gegenüber dem Christus-Jesus gehört, wie alles andere vorher und nachher. Denn er hat keineswegs den Elias gerufen, sondern ein Wort gesprochen, das das Sterben selbst und den Tod selber und das Erleben dieses seines Todes zum Ausdruck bringt. Wir Menschen sterben ja sehr verschieden bewusst. Was wir von außen beim Sterben anschauen, erlebt der Sterbende selbst von innen, aber so, dass er entweder in halb gedämpftem Bewusstsein hinüberschläft oder dass er von dem Übermaß an Bewusstheit, die durch die Trennung des Lebens vom Leib entsteht, geblendet ist, oder schließlich so, dass der Mensch wach, ruhig und bewusst der Trennung der Lebenskräfte vom Stoff des Leibes von innen her zusieht. Man darf denken, dass dieses selbstlose, reine Bewusstsein des Sterbenden vor, während und nach dem Todesaugenblick auf Golgatha voll da war und dass die Jesus-Seele alle Vorgänge des Sterbens leiblich, seelisch und geistig – im Bewusstsein hatte. Das zweimal gesprochene Wort »Eli« bezieht sich keineswegs auf Elias und wird auch in den verschiedenen Handschriften in der Form »Eloi« wiedergegeben. Schon wenn man von den Lauten selber ausgeht, liegt darin das »El«, der Gott, umfasst von der Seele im O und erlebt als der Gott des Ich im I. Darum muss man eigentlich übersetzen: »O Du Gott für mein Ich« oder »O Du Gott meines Ich«. Wer aber ist der Gott des Ich Jesu? Es ist das Christus-Ich. Und das Wort »lama« bedeutet nicht eigentlich »warum«, »aus welchem Grund«, sondern »wie«, »auf welche Weise«. Und damit wird auch das dritte Wort zur Frage. Die Lesarten der verschiedenen Handschriften der Evangelien unterscheiden sich bei der Transkription in die griechischen Buchstaben sehr stark voneinander. Das erste Wort »Eli« wird einmal mit Eta geschrieben, ein anderes Mal heißt es Eloi (Epsilon, Lamda, Omega, Jota). Das zweite Wort schwankt zwischen lema und lama. Das dritte schließlich wird ganz verschieden überliefert. Die Handschriften haben Sabachthani – Saphtani und Asaphtani. Nun war es Rudolf Steiner, der zwei ganz verschiedene Interpretationen dieses Wortes gegeben hat. Einmal heißt es »verlassen«, das andere Mal »erhöhen, verherrlichen«. Nimmt man beide Bedeutungen nicht als Gegensatz, sondern als zwei Seiten des gleichen Geschehens, dann kann man verstehen, wie das eigentliche Erleben des Jesus-Wortes ist. Es ist der Ausdruck der Wahrnehmung des Menschen Jesus, wie sein Sterben auf der einen Seite die Loslösung des Christus-Ich von dem Jesus-Menschen bedeutet. Diese Ablösung ist aber nicht erst jetzt und nicht plötzlich, sie ist schon lange vorbereitet. Als mit dem Einzug in Jerusalem die Durchdringung des Menschen Jesus mit dem Christus-Ich vollendet war, begann bereits wieder die Loslösung, der umgekehrte Weg. Und der erste Mensch, der dessen gewahr wurde, ist die Frau, die ihn in Bethanien mit ihren Tränen netzt und mit der Salbe salbt, da sie den Sterbenden erlebt und er selber das ja bestätigt, indem er von seiner Grablegung spricht. Das Abendmahl am Gründonnerstag wäre gar nicht möglich, wenn nicht bereits da die Christus-Gottheit aus dem sterbenden Jesusleibe sich teilweise herauslösen würde, Lebenskräfte mitnehmend, um in Brot und Wein hinüberzusterben und dadurch in die Kommunion der Jünger überzugehen. Bei der Gefangennahme in Gethsemane erscheint im Markusevangelium in der Gestalt des entfliehenden Jünglings ein weiteres Bild dieser Trennungen. Den ganzen Karfreitag hindurch umschwebt die kosmische Christus-Wesenheit den Menschen Jesus und erlebt in immer loserer Verbindung das ganze Drama mit, schließlich wohl nur noch in seinem Herzen einwohnend. Jetzt am Kreuze stirbt das Christus-Ich aus dem Menschen Jesus endgültig hinaus, der Mensch Jesus erlebt das voll bewusst und spricht das aus in tiefstem Staunen, so dass sein Wort diese Nuance bekommt: »O Du Gott meines Ich, auf welche leuchtende Weise verlässt du mich.«

Aber auch die andere Seite ist in dem Wort enthalten, denn das Christus-Ich hat in dem Menschen Jesus das Erlösungswerk vollbracht, hat den Leib von den Folgen des Sündenfalls gereinigt, die Seele zum Gefäß des Christus-Ich umgewandelt – den ganzen Menschen verherrlicht. Und so muss man in dem Wort am Kreuz auch dieses mithören: »O Du Gott meines Ich, wie hast du mich verherrlicht.«

Das Kreuz auf Golgatha ist nicht nur ganz und gar das Zeichen der Passion, es ist auch nicht nur ganz und gar das Zeichen der Liebe, es ist auch ganz und gar das Zeichen des Lebens, das in dem Sterben aufkeimt in

Gestalt eines neuen Leibes und eines neuen Blutes, eines verklärten Menschen, der ja dann wenige Tage danach aus dem Tode aufersteht. Das Sterben wird selber zum Gegenstand der Liebe. Vielleicht war niemand so nahe an diesem Geheimnis daran wie Novalis, wenn er sagt: »Im Tode ward das ewige Leben kund. Du bist der Tod und machst uns erst gesund.«

Wer aber ist das, der Tod? Wer hält den Christus leuchtend am Kreuz, und wer trägt in Wahrheit Jesus am Kreuz? Meine lieben Anwesenden, das tiefste Geheimnis des Kreuzestodes Jesu Christi ist eigentlich der Tod selbst. Äußerlich gesehen haben Sterben und Tod des Menschen ein dreifältiges Antlitz: Tod ist Erstarrung und Stillstand alles Strömenden; Tod ist Zertrennung alles Verbundenen; Tod ist Entfremdung von allem Eigenen. Nun spricht aber im Johannesevangelium Jesus so, dass er seinen Hingang zum Tode gleichsetzt mit dem Hingang zum Vater. Was hat dann der Tod mit dem Vatergott zu tun?

Zieht man das alte Testament zu Rate, so hat man den Eindruck: Die väterliche Gottheit ist der Schöpfer der Welt und des Menschen in Gestalt von Kräften und Substanzen der Elohim und der Jahve-Gottheit. Aus ihnen geht die Schöpfung hervor. Und das, was nach dem Sündenfall im Bild der Austreibung aus dem Paradies beschrieben ist, kann man ja innerlich auch so denken, dass einerseits der Mensch aus der Geborgenheit in der väterlichen Gottheit herausgestoßen wird; man kann es aber auch so denken, dass sich die Gottheit von dem Menschen zurückzieht. Es entsteht auf diese Weise zwischen dem im Leib verkörperten Menschen und der Schöpferwelt des Vatergottes eine Schwelle, die bei der Geburt, bei der Verkörperung, eine Verbindung bildet wie eine Brücke zwischen dem Jenseits und dem Diesseits, die gerade aus dem Verweben des Geistigen mit dem Leiblichen gebildet ist. Beim Tode dagegen wird diese Schwelle zum Abgrund, weil Zertrennung erfolgt, und es kann so gedacht werden, dass dieser Abgrund ein Bereich ist, aus dem sich die väterlichen Schöpfergottheiten zurückgezogen haben, ein Bereich, der durch die ganze Schöpfung geht, eine Schwelle, deren Raum der Abgrund des Nichts, der Entleerung, der Zertrennung ist. Es ist der Raum im Weltall, in dem der Vater nicht mehr ist, sondern eben der Tod. Dann ist aber der Tod eigentlich nichts anderes als der zurückgetretene Vater. Bevor Christus zur Erde kommend den Bereich des Todes betreten hat im Kreuz auf Golgatha, war der Todesbereich, den der Vater freigegeben hatte, durch den widerrechtlichen Fürsten dieser Welt besetzt worden. Dadurch geriet der Mensch im Tode und auch in allem Sterben im Leben in den Machtbereich des Fürsten dieser Welt. Indem der Christus-Jesus am Kreuze stirbt, das heißt aber selber in den Todesbereich eindringt, wird der Fürst dieser Welt daraus ausgetrieben. Vom Todesaugenblick an bis zum Moment der Auferstehung am Ostermorgen rangen diese beiden Wesen um die Herrschaft im Tode. Der Sieg konnte nicht dem Herrschaftswillen des Fürsten dieser Welt, sondern dem Liebeswillen des Sohnes zufallen. Christus ringt mit dem Tod und besiegt im Tode den Fürsten dieser Welt. Die Auferstehung gehört tief innerlich zum Tod am Kreuz hinzu. – Stirbt also ein Wesen, dann ist es im Sterben im Vater, aber so im Vater, wie dieser im Nichts und darum als Tod erfahren wird. Der Tod ist Vernichtung, wenn hier der Fürst dieser Welt herrscht; der Tod wird Auferstehung, weil er mit der Liebe des Sohnes erfüllt wird. Das wahre Kreuz, geistig gesehen, ist dann diese alles durchkreuzende Kraft des Abgrundes, des Nichts zwischen Schöpfer und Geschöpf, aber dieses Nichts, dieser Abgrund, ist doch wiederum nur der Schöpfer selbst. Und der Sohn erfüllt den Abgrund mit Liebe. Sehen wir Jesus am Kreuze leiden und sprechen, sehen wir Christus am Kreuze leuchten, dann dürfen wir als den Tod den Vater sehen. Er hält das Kreuz, das den Sohn hält und den Menschen trägt. Man kann das Kreuz nicht ohne den Vater denken. In den durch den Vater frei, leer und offen gelassenen Abgrund des Todes stirbt der Sohn, der Christus, aus dem Menschen Jesus und stirbt der Mensch Jesus in der Zeitrennung von Leib und Blut, von Leib und Leben.

Aber durch das Sterben und den Tod des Christus-Jesus am Kreuze wird nun dieser Todesabgrund seiner väterlichen Entleerung enthoben, er wird erfüllt mit der Substanz, die der Sohn durch den Menschen Jesus dem Tode einfügt. Das aber ist die Liebe des Sohnes zum Vater – die Liebe des Sohnes zum Menschen. Und die sieben Worte der Liebe am Kreuze sind der Ausdruck eines Lebens, das den Tod besiegt, weil es den Tod selber zur Liebe macht, weil die Liebe größer ist als der Tod.

Das Geheimnis des Jesus-Leibes: Voraussetzung der Auferstehung

Meine sehr verehrten, lieben Anwesenden!

Morgen werden drei Wochen vergangen sein seit dem Ostersonntag dieses Jahres, und es werden noch zweieinhalb Wochen folgen bis zum Himmelfahrtstage für den Zeitraum, in dem wir eigentlich Ostern feiern. Es ist eben ein wenig eine Kurzschlussstimmung, wenn man nur am Ostersonntag und Ostermontag Ostern feiert. Von den Altären der Christengemeinschaft werden angefangen mit dem Ostersonntag durch vierzig Tage diese österlichen Umrahmungen, diese österlichen Grundstimmungen in Gestalt der Osterepisteln in genau der gleichen Weise für die Menschenweihehandlung gesprochen. Und das ist völlig unverändert, gleich am Ostermorgen, gleich heute, drei Wochen nach Ostern, gleich für die folgenden noch zweieinhalb Wochen. Was heißt also wohl Ostern? Nun, die Voraussetzung für Ostern ist ja Weihnachten. Und wenn man einen Augenblick zurückfühlt, dann ist das Wesentliche der weihnachtlichen Erlebnisse, der weihnachtlichen Stimmungen, der weihnachtlichen Erfahrungen die Begegnung des menschlichen Herzens in den weihnachtlichen Nächten und Tagen mit dem liebenden Herzen des Christus Jesus. Was sich da entzündet, in Bewegung bringen will, hervorgehen will aus dem weihnachtlichen Erleben und Gestalten, das ist die Bewegung des Gemütes, des Bewusstseins, des Herzens des Menschen, die zustande kommt durch das Wahrnehmen der Liebe, welche in der Wesenheit des Christus Jesus für jedes einzelne Menschenherz glüht. Wenn man aber von Weihnachten fort-, in das Jahr hinaus lebt, dann ändert sich das. Man kann das eigenartige liebevolle, tief fühlende Herzensverhältnis, wie es sich Weihnachten entzündet, nicht in dieser Weise aufrechterhalten; schon deshalb nicht, weil das Menschenwesen mit dem heraufziehenden Jahr aus den Wochen winterlicher Verinnerlichung sich wiederum der aufwachenden und aufblühenden Sinneswelt zuwendet. Aber nicht nur dies, man kann auch den Eindruck haben, als würde, je mehr man sich von Weihnachten entfernt, das innige, tief fühlbare Herzensverhältnis zu dem Christus Jesus verklingen, abnehmen. Und das hat einen sehr tiefen Grund: weil nämlich das Verhältnis des Christus selber zu uns Menschen sich in diesen Wochen ändert, nicht etwa in dem Sinne, dass er sich von uns entfernte, nachdem er uns nahe gewesen ist in den weihnachtlichen Tagen, sondern im Gegenteil in dem Sinne, dass er aus dem mehr gemüthaft seelischen Bereich unserer Herzen hineinzieht in die tieferen Zonen unseres irdischen Menschseins, gewissermaßen hineinverschwindet in die Untergründe unseres leiblich-irdischen Daseins, in dem unser unbewusstes Seelenleben wohnt. Dadurch kommt er uns zwar auf der einen Seite noch viel näher als in der innigen Nähe der weihnachtlichen Zeit, auf der anderen Seite aber entfernt er sich gleichsam für das Bewusstsein, zieht sich in die Untergründe unseres Leibes, in denen die Seele unbewusst lebt, zurück. Wir kommen dann in die eigenartige Zeit der Passion, in der die wahre Situation des irdischen Menschen sogar vom Altar her ausgesprochen wird, denn was heißt das, dass »die Stätte unseres Herzens leer« ist? Dass wir den »Geist, der uns weckt, verloren« haben? Dass wir in einem »kalten, geistverlassenen Erdenhaus« wohnen? Dass das sogar übergeht in eine Art Physiologie, unser Blut ist »durchrieselt von Trauer« und »Betrübnis, von Entbehrung« der wahren geistig-irdischen Situation des Menschen. Dann aber, in der Osterzeit, wandelt sich diese merkwürdige Physiologie von Blut und Atem, plötzlich heißt es, dass »das Grab leer, aber das Herz voll ist« und dass Atem und Blut des Menschen durchwoben, durchströmt sind von der Wirksamkeit, die von dem Auferstandenen ausgeht. Mit einem Male ist der Auferstandene da. Aus einem mehr seelischen, gemüthaften Herzensverhältnis, innerlichen Verhältnis wird ein Verlust, ein eigenartiges Entschwinden – man möchte sagen ein Hineinersterben –, und dann, in der Osterzeit öffnet sich das Geschehen. Durch die vollen vierzig Tage der Osterzeit hindurch wird deutlich ausgesprochen, dass der Auferstandene nicht nur mit unserer Seele und unserem Geist, sondern tatsächlich mit Blut und Atem, mit Leib und Blut, mit Herzschlag und Atemzug in Beziehung steht.

In diesem Zusammenhang möchte ich einige Worte verlesen, die Rudolf Steiner am Ende eines Vortragszyklus[5] ausgesprochen hat: »Vielleicht ist es noch nicht allen von Ihnen, welche die früheren elementaren Zyklen gelesen haben und dadurch der christlichen Einweihung mit ihren sieben Stufen begegnet sind, aufgegangen, dass durch die Intensität der Empfindungen, welche dabei durchgemacht werden sollen, wirklich hineingewirkt wird bis in die physischen Leiber. Denn durch die Stärke und die Gewalt, mit der wir diese Empfindungen durchmachen, spüren wir, wie wenn Wasser zunächst unsere Füße umspülte, wie wenn Wunden uns versetzt würden, spüren wirklich so etwas, wie wenn die Dornen in unser Haupt hineingestoßen würden, spüren wirklich alle Schmerzen und Leiden der Kreuzigung. Wir müssen das spüren, bevor wir die Erlebnisse des mystischen Todes, der Grablegung, der Auferstehung spüren können, wie sie ja auch geschildert worden sind. Wenn man nicht genügend intensiv diese Empfindungen durchmacht, haben sie freilich auch die Wirkung, dass wir kräftig und liebevoll werden im rechten Sinne des Wortes, aber was uns da einverleibt wird, das kann nur bis zum Ätherleibe gehen. Wenn wir aber anfangen, es bis in unseren physischen Leib zu spüren ..., dann haben wir diese Empfindungen stärker in unsere Natur hineingetrieben und haben erreicht, dass sie vorgedrungen sind bis zum physischen Leib. Sie dringen ja auch wirklich bis zum physischen Leib vor; denn es kommen die Stigmata, die von Blut durchtränkten Stellen der Wundmale des Christus Jesus hervor; das heißt also: bis in den physischen Leib treiben wir die Empfindungen hinein und wissen, dass selbst bis in den physischen Leib die

Empfindungen ihre Stärke entfalten, wissen also, dass wir uns von unserer Wesenheit mehr ergriffen fühlen als etwa bloß Astralleib und Ätherleib.«

Indem Rudolf Steiner hier das Wort von den Stigmata ausspricht, steht sofort das ganze tiefe Geheimnis des Menschenleibes vor uns. Denken wir für einen Moment an die großen Stigmatisierten, zum Beispiel an Franz von Assisi, Katharina Emmerich, Therese von Konnersreuth. Bei diesen Menschen trägt sich ein so starkes Miterleben und Mitempfinden mit dem Christus Jesus in der Seele zu, dass es hereinwirkt in den physischen Leib. Dies ist ein deutliches Bild dafür, wie sehr der physische Leib noch etwas ganz anderes ist, als sich die heutige Wissenschaft es auch nur träumen lässt. Es hat ja zum Beispiel die Ernährung der Stigmatisierten einen völlig anderen Charakter als beim gewöhnlichen Menschen. Sie können von der Hostie leben. Das heißt also: Ein Menschenleib von einem Mann, von einer Frau kann so tief durchdrungen werden von dem Mitempfinden mit der Christus-Jesus-Wesenheit und deren irdischen Schicksalen auf Golgatha, bis das Blut, die Tränen, die Drüsentätigkeit, der ganze Ernährungsstoffwechsel sich verändern, und zwar im Sinne einer tief seltsamen Angleichung, Ähnlichwerdung. Die Wissenschaftler haben ja immer versucht, das Phänomen der Stigmata zu ergründen, indem sie minuziöse Untersuchungen anstellten; sie mussten kapitulieren. Aber die Tatsachen sind da. Man darf auch bei den stigmatisierten Menschen nicht außer Acht lassen, dass sie Visionen haben und im Zusammenhang mit den Festes- und Jahreszeiten eine Lockerung des Seelisch-Geistigen aus dem Physisch-Leiblichen erfahren, wobei sie schauen können, was sich damals in Palästina zugetragen hat. Diese Visionen brauchen nicht immer vollständig den Tatsachen zu entsprechen, es können sich Empfindungen aus der Seele des betreffenden Menschen hereinmischen und die Bilder etwas verändern. Dennoch sind wesentliche Schauungen erfolgt. So hat Katharina Emmerich sehen können, dass das Abendmahl, das der Christus am Gründonnerstag gehalten hatte, nicht das Abendmahl der Juden gewesen war, die erst am Karfreitag ihr Abendmahl gefeiert hatten, sondern ein Essäermahl, eine Tatsache, die aus der modernen Geistesforschung Rudolf Steiners voll bestätigt worden ist. Auf der anderen Seite wurden natürlich auch Dinge geäußert, die bestimmt falsch sind. Aber, sehen Sie, was ich damit sagen will, ist, dass der menschliche Leib und das menschliche Blut doch noch etwas ganz anderes sind als das, was man sich normalerweise darunter heute denkt.

Wenn man versuchen will zu verstehen, wodurch die Auferstehung zustande gekommen, was in dem Leibe, in dem Blute des Christus Jesus vorgegangen ist, so kann man das nur recht fassen auf dem Hintergrund der gewöhnlichen menschlichen Leiblichkeit, nämlich unserer Leiblichkeit. Unsere Leiblichkeit ist etwas außerordentlich Kompliziertes; man hat es schwer, skizzenhaft eine Art Zusammenschau für diesen Bau, für das ganze physiologische Geschehen, das der Menschenleib nun einmal ist, herzustellen.

Der Leib, dieses komplizierte körperliche Etwas, das wir an uns tragen, ist nicht nur einfach Materie, sondern von einem Lebensleib bewohnt, von den Lebenskräften, die man in der Anthroposophie die ätherischen Bildekräfte nennt. Innerhalb dieser Lebenskräfte wohnt das eigentlich Seelenleibliche, das astralisch Leibliche, und in ihm tritt das Ich auf, das seinerseits aus diesen Hüllen die Seele herausarbeitet. Alle diese höheren Wesensglieder finden im physischen Leibe eine Art Abbildung. Wenn man so den physischen Leib skizzenhaft im Ganzen anschaut, kann man sagen, dass wir es auf der einen Seite mit dem konstant Leiblichen zu tun haben, nämlich dem Nerven-, dem Muskel- und dem Knochensystem – Nervenmaterie, Muskel-, Knochenmaterie –, auf der anderen Seite mit den mehr physiologischen Prozessen: Sinneswahrnehmung, Drüsentätigkeit, Ernährungsstoffwechsel. Zwischen diesen beiden Dreiheiten – also dem Nerven-, dem Muskel-, dem Knochensystem als der eigentlich verfestigten Materie einerseits – und den physiologischen Prozessen – Sinneswahrnehmung, Drüsentätigkeit, Stoffwechseltätigkeit, also Verdauungstätigkeit andererseits – wirkt in der Mitte das Blut. Das Blut hängt stark mit dem Atem zusammen, und in der Wechselwirkung von Blut und Atem, in dem Puls von eins zu vier, liegt eigentlich im Herzen das Zentrum des Menschen. Diese ganze wunderbare Organisation wird von der Haut umhüllt. Außen die Haut, in der Mitte das Herz, Blut und Atem und dann auf der einen Seite die physiologischen Prozesse, Sinneswahrnehmung, Drüsentätigkeit, und auf der anderen Seite die Organsysteme, Nervenorganisation, Muskel-, Knochenorganisation. Auf dieses Grundschema hin kann man in etwa das Bild unseres Leibes vereinfachen.

Welche Bedeutung hat der physische Leib in seinem Aufbau für uns Menschen? Warum verlassen wir die geistige Welt und verkörpern uns in diesen Menschenleib, der in großartiger Weise gebildet und gebaut ist? – Es liegt ihm eine Formkraft zugrunde, die alle die vorhin genannten Systeme durchdringt, gestaltet und zusammenhält bis in die kleinsten Einheiten der stofflichen Erscheinung, eine Formkraft, die in der Zwölfgliedrigkeit unseres ganzen Leibes in Erscheinung tritt: in Haupt, Kehlkopf, Schultern, Armen, Brustkorb, Herzgrube, Unterleib, Beinen, Füßen. Eine reine, abstrakte Formgestalt liegt dieser ganzen durchgeistigten Materie zugrunde. Welche Bedeutung hat denn das? Sehen Sie, das hat eine ganz ungeheuer große Bedeutung, dass der Mensch einen solchen Leib und ein solches Blut hat; hätten wir nämlich diesen materiellen Leib, der in bestimmter Weise gegliedert und gestaltet ist, nicht, dann hätten unser Geist und unsere Seele zwar die gewaltigsten Erlebnisse, die vielleicht sogar bis in die Lebenstätigkeit heruntergelangen könnten, aber – wir hätten kein Bewusstsein davon! Oder wir hätten vielleicht ein Bewusstsein *davon* – doch kein Bewusstsein von *dem,* der dieses Bewusstsein hat: von uns selbst. Denn alles, was in uns vorgeht, vom Geistigen über das Seelische bis in das Leiblich-Physiologische, erleben wir nur deshalb bewusst, weil das Geistige, Seelische, Lebensmäßige fortwährend an diesem komplizierten physischen Leibe gespiegelt, wie zurückgeworfen wird, wie aufgefangen und wieder zurückgeworfen wird und auf der anderen Seite den Strom des Blutes fortwährend durchwaltet, so dass wir eben ein geschlossenes Bewusstsein von uns selber, eine Wahrnehmung von uns selber, ein Gefühl von uns selber haben. Die Tatsache unseres Selbstbewusstseins und unseres Selbstgefühls verdanken wir zunächst diesem Leibe. Wenn man fragt, warum dieser Leib so kompliziert sei, so kann man nur antworten, weil eben in diesem Leibe alle Möglichkeiten geistiger, seelischer und lebensmäßiger Vorgänge spezifisch gespiegelt, spezifisch durchströmt und ergriffen werden müssen. Es ist in diesem Leibe für alles geistig-seelische Erleben eine Veranlagung zur Spiegelung oder zur Durchströmung. Und in den Strömen des Blutes können sich die mannigfaltigsten Empfindungen unseres Eigenseins wie zum Gefühl, zum Erlebnis bringen. Die ganz große Gabe der reinen Form unseres Leibes besteht darin, dass er in dieser Weise durch und durch geformt ist bis zum kleinsten Härchen, zur letzten Zelle, also eine rein geistig-physische Formgestalt alldem zugrunde liegt, welcher wir die Geschlossenheit, das In-sich-Vollendete und Vollkommene unseres Selbsterlebens, Selbstbewusstseins, unseres Selbstgefühls verdanken. Wenn man diese Zusammenhänge so anschaut, dann beginnt man ein wenig zu begreifen, was Novalis mit der Frage meint:

»Wer hat des irdischen Leibes / hohen Sinn erraten? / Wer kann sagen, / dass er das Blut versteht?«

Würdig unendlicher Göttertaten ist dieses Wunderwerk des physischen Menschenleibes und des Menschenblutes und der Menschengestalt und derart geschaffen und zusammengefügt, dass geistiges, seelisches und leibliches Leben entsteht und in sich eine Bedeutung hat.

Aber, sehen Sie, meine sehr verehrten Anwesenden, diese selbe großartige Schöpfung hat auch noch eine vollständig andere Seite. Diese andere Seite leuchtet auf, wenn man aus der Geisteswissenschaft erfährt, dass das ganze Gebilde, so wie es heute geworden ist, Leib und Blut und Menschengestalt, von denjenigen Wesen, die es geschaffen haben, ursprünglich nicht so gedacht war. Ursprünglich war das Menschenwesen so gedacht, dass es in einer geistigen Welt lebt und bleibt und nichts anderes ist als eine Art Vorstellung in dem Geiste bestimmter übersinnlicher göttlicher Wesen. Indem diese göttlichen Wesen das Menschenwesen vorstellten – man könnte auch sagen schaffend imaginierten –, sollte das Menschen-Ich eine Art Sonne bleiben im Geistigen, eine Art Stern, in den die Göttergedanken einströmen und durch den sie durchströmen. Das Ich sollte im Geistigen bleiben und im Geistigen ein Genosse im Schoße der Götter sein. Ein Instrument des Weltengeistes sollte das Ich sein. Auch das menschliche Seelenleben war ursprünglich anders gemeint. Es war so gemeint, dass sich die Menschenseele fortwährend im Atem, im Seelenatem, auslebt, indem sie einmal mehr zu sich selber hinatmet und dabei die Göttertaten in sich erlebt, sie in Vokalen geistig-seelischer Art ausspricht, und dann in Wechselwirkung dazu ausatmet, sich mit der Welt verbindet, die sie in dem Wirken geistiger Wesen wahrnimmt, und diese geistigen Wesen widerspiegelnd konsonantiert wiedergibt. Ein Instrument des Weltenwortes sollte die Seele sein, in der das Weltenwort sich ausprach in einer verinnerlichten menschlichen Weise. Auch die menschlichen Lebenskräfte waren nicht so gedacht, wie sie heute sind, sondern aus dem sternen-sonnenhaft durchstrahlenden Ich, aus diesem das Weltenwort eratmenden und aussprechenden Seelenleben sollte fortwährend eine Verwirklichung, eine Wesenhaftigkeit von Leben entstehen. Äthergestalten über Äthergestalten sollte es aus sich hervorbringen und nicht fixiert sein auf eine Gestalt. Das Menschenwesen sollte nur so viel Materie, nur so viel materiellen Stoff haben, wie es selber aus seinem eigenen Blut erzeugt und wieder vergeistigt, so dass die Tätigkeit des Blutes in nichts anderem bestand, als Blut zu kondensieren und dadurch das Ich-Erleben zu verstärken, einen Moment lang materiell werden zu lassen, wodurch dem Ich eine Art Selbstwahrnehmung, eine Art Selbstbewusstsein vermittelt wurde. Diese Selbstwahrnehmung sollte nur dazu dienen, dass sich das Ich mit den göttlich-geistigen Wesen zusammenfühlen konnte.

Sehen Sie, meine sehr verehrten, lieben Anwesenden, was ich Ihnen jetzt beschrieben habe, ist dasjenige, was das Alte Testament mit dem Adam im Paradies meint: ein übersinnliches Menschenwesen mit einem sonnenhaft-sternenhaften Ich, mit einem das Weltenwort verinnerlichenden Seelenleben, mit einem fortwährend Bildgestaltungen hervorrufenden Leben und einem sich selber materialisierenden und entmaterialisierenden Blut. Dieses war einmal tatsächlich vorhanden! Es ist das Bild des Urmenschen, wie es der Geistesschau Rudolf Steiners sich offenbart hat. Das schaffende väterliche Gotteswesen hatte diesen Menschen hervorgebracht, die Hierarchien hatten ihr Werk gewissermaßen zusammengefügt, und jetzt war der Paradiesesmensch da. Die Götter begannen, leise sich zurückzuziehen von ihrem Werk. Und in diesem Moment griffen Wesen in die Entwicklung des Menschen ein, die man in der Geisteswissenschaft luziferische nennt, und sie griffen genau an der Stelle ein, wo das Ich, das ganz kindlich im Göttlichen webende und lebende Ich gerade anfing, zu einer Art Selbsterleben, zu einer Art Selbstgefühl zu kommen durch die eigenartige materialisierende und entmaterialisierende Bluttätigkeit. Es gelang den luziferischen Wesen, das Ich nicht nur zu berühren, sondern mit dem Impuls der Verstärkung des Eigenerlebens zu durchdringen. Wenn man das menschlich ausdrücken wollte, könnte man sagen, die luziferische Wesenheit habe diesem Ich-Menschen ins Ohr geflüstert: Werde noch mehr du selbst! Versuche dich fühlend in dir selber durch dich selber zu erkraften. Und das ist geschehen. Dadurch wurde das sonnenhafte, sternenhafte Ich in dieses das Weltenwort verinnerlichende Seelenatmen, Seelenleben hereingezogen, und mit einem Male begann das Ich sich für das Seelische und das Seelische sich für das Ich stärker zu interessieren. Es entstand der erste Hauch egoistischer Selbstbezogenheit, egoistischen Selbstgenusses der herrlichen Früchte, die vorhanden waren. So kam es zu einem Übergewicht, zu einer Urverkrampfung zwischen dem zunächst sonnenhaften Ich und dem Seelenleben. Ein Übergewicht des Ichlichen über das Seelische: der Egoismus des Menschen. Indem die Seele allmählich die Tätigkeit des Ich am Blute miterlebte, begann sie sich auch für den Stoff zu interessieren, für das, was von außen als Materie einströmte in das Blut, was das Blut aus sich heraus als Materie erzeugte, und es entstand ein allererster Hauch von Hunger und Durst, aus dem dann der Stoffwechsel hervorgegangen ist. Ein Übergewicht der Seele über die Physiologie. Dies konnte das Seelische aber nur dadurch verwirklichen, dass es selber die Lebenskräfte in seine Tätigkeit einbezog, wodurch andererseits das Leben angefacht wurde, nun wiederum selbst sich stärker mit Stoff zu beladen, als es das ursprünglich hatte tun sollen. Es setzte in der Folge die Drüsentätigkeit im Menschen ein, welche die Wechselwirkung von Stoff und Leben und Seele offenbart – denken Sie an das Weinen oder an das Lachen oder an einen Schweißausbruch usw. Die Drüsentätigkeit begann für das Ich und für die Seele eine Art Leibgefühl zu entwickeln, also nicht nur den Genuss an der Materie, Hunger und Durst, sondern überhaupt eine Art Gefühl der sich jetzt materiell erfüllenden Leiblichkeit, ein Übergewicht des Physiologischen über das Seelische, die Macht der Drüsen über die Seele zum Beispiel in der Sexualität. Und das hat dann dazu geführt, dass nunmehr die Lebenskräfte nicht allein das erlebten, was in dem physischen Leibe tätig war, sondern jetzt in die äußere Sinnenwelt gezogen wurden, und es wurden dem Menschen die Sinne aufgetan. Er erlebte nicht länger das, was in den Sinnen selbst vorgeht, wohl aber, was durch die Sinne als die sichtbare, sinnliche Außenwelt ihm entgegenkommt – ein Übergewicht des Physischen der materiellen Welt über den Geist: Der Sündenfall war geschehen. Da das ursprünglich rein gedachte Menschenwesen, bei dem Ich, Seelenleben und Lebenskraft und schließlich sogar die Körperlichkeit, die blutartige Körperlichkeit eine gewisse Selbstständigkeit gegeneinander haben sollten, in dieser Weise verändert wurde, entstand eine gewisse Verkrampfung der einzelnen Wesensglieder in sich selbst, eine Verstrickung dieser Glieder ineinander. Das Ergebnis dieser Verkrampfung war zunächst ein gesteigertes Selbstgefühl, es war zweitens ein gesteigertes Erleben der Materie und ihres Genusses, und es war drittens ein gesteigertes Grundgefuhl der eigenen Leiblichkeit und des eigenen Blutes als etwas, das dem Menschen selbst gehört, das sein Eigentum ist. Die Entwicklung, die ursprünglich beim Paradiesesmenschen so gemeint war, dass sie sich ganz langsam und stetig entfalten, aber im Wesentlichen in einer geistigen Welt bleiben sollte, wurde in eine Sinnenwelt, in eine Materiewelt heruntergezogen. Beschleunigt wurde das Selbsterleben, das Leib-, das Stoff-, das Welterleben, die Menschenseelen gerieten von Verkörperung zu Verkörperung immer stärker herein in die materielle Leiblichkeit, zumal durch die Geschlechtertrennung der Vorgang in die Vererbung eintrat. Zwar hatte die Urmenschheit noch jahrhunderte-, jahrtausendelang die Möglichkeit, das Übersinnliche wahrzunehmen, aber sie lebte nicht mehr in ihm, sie lebte im materiell-sinnlichen Erdendasein, solange die Verkörperung dauerte. Die Menschen hatten zwar immer noch eine Art Erinnerung an das vorgeburtliche leibfreie Dasein, sie hatten immer noch eine Vorschau auf das leibfreie nachtodliche Leben, aber die Diesseitigkeit, die Materialität, die Leiblichkeit wurde stärker, die Geistigkeit immer mehr verdunkelt, das Seelische subjektiver, und die Lebenstätigkeiten waren immer stärker auf den äußeren irdischen Plan ausgerichtet.

Die Menschheit stieg ab.

Sehen Sie, diese drei weltgeschichtlichen Phasen in der Menschenschöpfung – das Paradies, die durch die Widersachermacht herbeigeführte Urverkrampfung und Verstrickung des Menschenwesens in sich selber und in die Materie, die daraus entstandene Subjektivität und Leiblichkeitsgesinnung und schließlich der allmähliche Abstieg in die Diesseitigkeit bei jeder Verkörperung, der Verlust dessen, was vor der Geburt und nach dem Tode ist – diese drei weltgeschichtlichen Phasen hatten die Menschheit in einen Zustand gebracht, aufgrund dessen sich die Götter fragen mussten, wie nun die Leiblichkeit auf den Menschen wirke, wenn sie mehr und mehr materiell würde.

Die Materie muss ja eigentlich angeschaut werden als eine Art gleichgewichtiges Gewebe, eine Sphäre der Übereinstimmung zwischen denjenigen Wesen, die unter der Materie tätig sind und untersinnliche

Kräfte- Kernkräfte, Magnetismus, Elektrizität – hervorbringen, und jenen Wesen, die, sich polar zu den ersteren verhaltend, über der Materie tätig sind und übersinnliche Kräfte in Wärme, Farbe, Ton, Duft, Aroma zur Erscheinung bringen. Indem die über- und untersinnlichen Kräfte und Wesen zusammenspielen, sich gegenseitig beeinflussen und halten, entsteht das, was wir sinnenfällig als »Materie« vor uns haben. Wir haben ja zwei ganz verschiedene Arten von Sinnen. Die Sinne, mit denen wir die untersinnlichen Wirkungen teilweise als sinnliche Erscheinungen in dem materiell Sinnlichen wahrnehmen, also der Tastsinn, der Stoffsinn, den wir in unseren Lebensorganen haben, der Bewegungssinn unseres Leibes, der Schweresinn im Gleichgewicht. Die zeigen uns ja gerade das, was aus den untersinnlichen Bereichen Materie bildet und ihre Eigenschaften bewirkt (Schwere, Dichte, Härte, Masse).

Demgegenüber zeigen die höheren Sinne, die Vermittler dessen, was wir hören, sehen, als Wärme empfinden, was wir als Geschmack und Geruch empfinden, uns die Qualitäten, welche die höheren Wesen aus dem Übersinnlichen in die Materie hineinweben. In dem Maße, wie nun diese Materie Leib in uns Menschen wird, gewinnt sie Einfluss und Macht über das Seelisch-Geistige. Dieses wird in seinem Selbsterleben schwach und schwächer, wir werden gewahr, wie es seine Verbundenheit mit der Welt, aus der es stammt, mit den übersinnlichen Wesen verliert, wir erfahren, wie der verkörperte Mensch in die ganz konkrete Situation dessen, was man eben mit einem

Fachausdruck die »Sündenkrankheit am Leiblichen des Menschen« nennen muss, bei jeder Erdeninkarnation versinkt. Die Materie des Leibes macht die Seele mehr und mehr materialistisch, das Denken, das an diese zerbröselnde Materie gebunden ist, wird immer intellektueller und abstrakter. Wir erleben, dass sie das Fühlen immer subjektiver und selbstbezogener werden lässt und schließlich den Menschen in die Illusion hineinbringt, Leib und Ich seien identisch. Der Abstieg der Weltanschauungen zeigt das deutlich genug. Erst war der Mensch Leib, Seele und Geist. Dann Leib und Seele, die Seele mit geistigen Eigenschaften. Dann Leib und Seele. Dann Leib mit seelischen Eigenschaften. Heute oft nur Leib, nur Materie – mit ideologischem Oberbau. Das aber ist die Bedrohung. In ihr kommt der Mensch in die Gewalt einer anderen Widersachermacht, welche die Geisteswissenschaft Ahriman nennt. Diese Macht verstrickt den Menschen in das Stoffbewusstsein, das Stoffvertrauen, das Stoffleben, das Materie-Sterben. Hätte dieser Einfluss unbegrenzt weitergewirkt, wäre sogar das wahre Ichbewusstsein des Menschen als geistiges Wesen erloschen. Der Mensch hätte sich nur noch als eine Art intelligentes Tier erleben können, das sein Wesen mit seinem materiellen Leib und dessen Leben identifiziert.

Warum haben die göttlichen Wesen erst Luzifer, dann Ahriman zugelassen? Das Ganze hat eben doch auch jene andere Seite als Ergebnis, auf die wir bereits vorhin hingeschaut haben: das Selbstbewusstsein jedes einzelnen Menschen als geschlossene, bewusste und vor allem das innere Freiheitserlebnis des Geistes und der Seele im Abgrund der »Mängel« findende Persönlichkeit – ihre Selbstbestimmung und Selbstverantwortlichkeit. Das ist die andere Seite. Und man kann es nur als die grundlegende Paradoxie unseres irdischen Menschseins verstehen: Dasselbe Leibeswesen, das uns zunächst die Persönlichkeit vermittelt, wird durch sich selbst ein Wesen, das sie auf das tiefste und intensivste bedroht.

Sehen Sie, meine sehr verehrten Anwesenden, diese Paradoxie ist der Hintergrund. Und vor ihm steht die Gestalt Jesu Christi, es erscheint der Mensch, der auch Leib und Blut hat. Aber die Frage ist: War dieser Leib ebenso der Sündenkrankheit verfallen, trug dieser Leib auch die Elemente in sich, die den Menschen als geistiges Wesen bedrohen? Oder, wenn nicht, wie ist das Geheimnis des Jesus-Leibes zu denken, dieses Leibes, der nach dem Tode nicht zerfiel wie jeder Menschenleib, sondern auferstand? Wenn man diesem Mysterium näherkommen möchte, muss man zunächst einmal die Jesus-Seele selbst betrachten, die Seele des Menschen, der in diesem Leibe gelebt hat. Das tief Bewegende, das man aus der Geisteswissenschaft erfahren kann, ist, dass in der Zeit, als die Menschen durch die luziferische und später die ahrimanische Verführung immer tiefer heruntergestiegen in der zuvor beschriebenen Weise, als die ursprünglich veranlagten Wesensglieder verwandelt worden sind, die Geschlechtertrennung kam, die Fortpflanzung entstand, die Entwicklung in die Vererbungsströmung überging, dass in dieser Zeit die göttlichen

Wesen, die über die Menschheit wachen, aus dem gesamten ursprünglichen Adammenschen einen Teil zurückbehielten und damit für diesen Seelenteil den Abstieg in die Erdenmaterie verhinderten. Sie haben jenes Seelenwesen in der geistigen Welt zurückbehalten von Jahrtausend zu Jahrtausend; die einzelnen Menschenseelen verkörperten sich, diese Seele nicht. Sie wartete, sie blieb in der geistigen Welt, sie stand unter der Führung von Eingeweihten, sie stand auch unter der Führung geistiger Wesen, sie wartete, bis die Zeit erfüllt, nämlich das irdische Menschenwesen so weit heruntergestiegen war in die irdische Situation, dass das Christus-Wesen eingreifen konnte. So kommt die unschuldige Seele, die niemals an dem ganzen Abstieg teilgenommen hat, zur Erde und verkörpert sich zum erstenmal als Jesus von Nazareth, wie ihn das Lukasevangelium beschreibt.

Meine verehrten Anwesenden, es ist ein zutiefst bewegendes Rätsel, das alltäglich in dem christlichen Credo ausgesprochen wird: »Jesu Geburt auf Erden ist eine Wirkung des Heiligen Geistes, der, um die Sündenkrankheit an dem Leiblichen der Menschheit geistig zu heilen, den Sohn der Maria zur Hülle des Christus bereitete.« Welch ein Satz, welch ein Inhalt! Das aus der göttlichen Trinität hervorleuchtende höchste Geistwesen, Geistgottwesen, der Heilige Geist, geleitet selbst diese vom Sündenfall her ursprünglich gebliebene, nicht in den Sündenfall verstrickte reine Menschenseele Jesu herunter aus der geistigen Welt, und diese Gottheit sorgt dafür, dass das Kind in die richtige Vererbungsströmung eintritt und gleichzeitig seine Zeugung nicht mit menschlicher Leidenschaft und Begierde belastet wird, sondern die beiden Eltern im Traum und Schlaf zusammengeführt werden. Schon die Empfängnis Jesu ist etwas Einzigartiges. Als dann die kindliche Menschenseele, das lukanische Jesuskind auf der Erde geboren ist, erlebt die Mutter, dass dieses Kind noch immer in seiner Seele jene Ursprache hat, welche die Menschenseele im Paradies einmal sprechen konnte. Indem die Seele des Menschen damals zu sich selber kommend sich selbst erlebt hatte als Gefäß des Weltenwortes, durchdrungen von der Siebenfalt der Götter, konnte sie in den sieben Vokalen die innere Wahrheit der Welt verinnerlicht und vertieft aussprechen und in den zwölf Konsonanten den ganzen äußeren Weltbau wiedergeben. Das Jesus-Kind kann noch jene Seelenursprache sprechen. Und die Mutter kann diese Laute verstehen. Wovon sprach sie denn, die Jesus-Seele in diesem Leibe? Nun, es heißt ja: »… um die Sündenkrankheit an dem Leiblichen der Menschheit geistig zu heilen …« Das ist doch eigentlich nur möglich, wenn auch der Leib dieses Kindes jene Verkrampfung, die durch den Sündenfall zustande gekommen war, nicht so radikal in sich trug. Es ist nur möglich, wenn das Geistige selber sonnenhaft, sternenhaft ist und bereit, Göttliches durch sich hindurchstrahlen zu lassen, wenn die Lebenskräfte die Kraft haben, Leben zu erzeugen, wenn der Leib nicht überwältigt wird von der verdunkelnden stofflichen Materie. Sehen Sie, wir müssen den Mut haben, den Jesus-Leib vom ersten Atemzug an als etwas Einzigartiges anzuschauen, in dem die durch den Sündenfall herbeigerufene Zergliederung und Verkrampfung von Anfang an gar nicht recht vorhanden ist, es sei denn in einem gewissen Hereinwirken aus den Vererbungsströmen der Vorfahren, aber nicht »im Prinzip«.

Diese Seele in einem solchen Leibe hat von Kindheit an die Möglichkeit, alles, was sie um sich herum erlebt, ins Unendliche zu vertiefen. Verehrte Anwesende, es gibt tiefe Geister, tiefe Seelen – es gibt auch oberflächliche Menschenseelen –, wenn man jedoch dieser Seele lauscht, sieht man, welche unendliche selbstlose Vertiefungsmöglichkeit sie dadurch hat, dass sie mit allem mitempfindend leidet, was um sie herum Mensch ist. Wenn jemand die Verdunkelung des Menschengeistes, des Schwachwerdens der Menschenseele, wenn das jemand erlebt, erlitten hat, mit einem unendlichen Seelenleid erlitten hat, dann war das Jesus. Rudolf Steiner spricht in den Vorträgen über das »fünfte Evangelium« von der »Genialität des Herzens«. Denn Jesus hatte selber existenziell an der Krankheit keinen Anteil. In den obengenannten Vorträgen beschreibt Rudolf Steiner, was die Seele Jesu an Leid erlebt durch die Art, wie die Menschheit in ihrer Zeit angekommen ist. Durch gerade dieses Leid werden das Bewusstsein, das Seelenleben, die Lebenskräfte dieses Menschen Jesus geläutert, wie durchsichtig gemacht. Jesus erlebt von der Kindheit an bis zur Jordantaufe in seinem 30. Lebensjahr die Sündenkrankheit seiner Mitmenschen rein als niederschmetterndes Mitleid – aber auch als tiefsten Opferwillen, sich dem, was auf ihn zukommt, hinzugeben.

Das erlösungsfähige menschliche Leibesgefäß ist mit dem 30. Lebensjahr in Jesus bereitet. Die Voraussetzung für die Auferstehung ist immer eine dreifache: eine leiblich-materiell-stoffliche, eine seelisch-menschliche und eine göttlich-geistige. Und so tritt zu der oben beschriebenen Seele Jesu, der im Lukasevangelium durch dessen Kindheitsgeschichte durchschimmert, durch Schicksal geleitet eine zweite Menschenseele hinzu. Auch vorher schon, vor allem aber in den Vorträgen über das fünfte Evangelium spricht Rudolf Steiner ausführlich von dieser Jesus-Gestalt, deren Kindheitsgeschichte das Matthäusevangelium berichtet. Auch in dem Buch von Emil Bock, »Kindheit und Jugend Jesu«, finden sich Darstellungen der beiden Jesus-Wesen. Ich darf daher hier nur kurz erwähnen, dass nach gemeinsam verlebter Kindheit der beiden Knaben in Nazareth eine Vereinigung des Ich des Älteren mit der Seele des Jüngeren in des letzteren zwölftem Lebensjahr erfolgt. Damit beginnt das eigentliche Jugendleben Jesu, das in drei Lebensperioden verläuft. Jesus erlebt in drei Bereichen der Menschheit, dem jüdischen, dem heidnischen und dem essäischen, in bewusster Schmerzlichkeit die Folgen des Sündenfalles für die Menschheit, wie sie sich bis zu seiner Zeit hin entfaltet hatten. Das Judentum hatte durch seine leibliche Abstammungseugenetik durch Jahrhunderte Bedingungen geschaffen, durch die der Erlebniszusammenhang von Priestern, Königen, Propheten und Eingeweihten mit der göttlichen Stimme im Menschenherzen aufrechterhalten und garantiert war. Jetzt erlebte Jesus, dass die leibliche Bildung in ihrer Veränderung durch den Sündenfall die Stimme der Gottheit zum Verstummen gebracht hat. Sein Leiden an der Geistverstocktheit und Gesetzes-Intellektualität in den verhärteten Herzen und Hirnen des »Samens Abrahams« stürzte seine Seele in tiefste Schmerzen über sein Volk.

Bei seinen späteren Wanderungen in die Gebiete der angrenzenden Heidenvölker erlebte er an deren Altären, dass Kultus und Pflege der lebenspendenden Naturgötter erloschen waren und die Lebenskräfte von Mensch und Natur dämonisierten seelischen und leiblichen Krankheiten verfallen waren. Die Erlebnisse tiefster Ohnmacht durchschütterten seine Seele im Erfahren der Unfähigkeit, zu helfen.

Als Jesus dann in der dritten Periode seines Lebens, vor dem 30. Lebensjahr, mit dem Essäer-Orden, den er schon früher kannte, in intimere Beziehungen trat, musste er erfahren, dass das geläuterte Seelenleben der Essäer sich weitgehend von Dämonen freihalten konnte. Er musste aber erleben, dass die Dämonen umso stärker zu anderen Menschen hingezogen wurden. Heiligkeit auf Kosten der Sünder war das Ergebnis des Lebens der Essäer. Auch hier also musste Jesus die volle Ohnmacht im Versuch der Überwindung von Krankheit, Dämonie und Geistblindheit erfahren.

So werden in der Seele, im Bewusstsein Jesu die Folgen des Sündenfalls an der physischen Leiblichkeit bei den Juden, an den Lebenskräften bei den Heiden und an den Seelenbemühungen bei den Essäern als Menschheitsschuld und Menschheitsleid in einer Tiefe und Vollständigkeit erlebt wie wohl nie vorher oder nachher bei irgendeinem Menschen. Er fühlte tief: Die Erlösung der Menschheit von den Folgen des Sündenfalles muss vollbracht werden an dem Leibe, an der Seele und an dem Ich zugleich. Es muss der ganze Mensch der Erlösergottheit zur Verfügung gestellt werden. – Die Verzweiflung, die Sehnsucht, das Leiden des Jesus von Nazareth hat ihn dann an den Jordan zu Johannes dem Täufer geführt, und da geschieht es dann, dass das Ich Jesu, durch den Schmerz aus dem Leibe gepresst, in die geistige Welt übergeht und das Christus-Ich, das Sonnen-Ich des Sohnes in Leib und Blut und Menschengestalt einzieht. Das allererste, was dabei geschieht, ist, dass das Übergewicht des Ich über die Seele – der menschliche Egoismus – aufgehoben wird und göttliche Selbstlosigkeit die Seele Jesu erfüllt. Aus der Ohnmacht des Menschen-Ich gegenüber dem Sündenfall in Leib, Leben und Seele erscheint jetzt die göttlich-geistige Vollmacht als Antwort der Gottheit auf die tiefste Erlösungssehnsucht des Menschen. Jetzt ist Gott da, und es leuchtet das göttliche Ich in Jesus vor uns im Geiste auf, das die Kraft der Sündenbefreiung bringt. Und es kann gar nicht anders sein, als dass dieses Ich des Christus sofort anfängt, in der Seele des Menschen Jesus zu wirken. Dadurch wird diese Seele, die noch etwas Paradiesisches in sich getragen hat, mehr und mehr unabhängig von dem Leibe und gewinnt schließlich wieder vollständig den Anschluss an die Sternenwelt, an die Sternenwesen, an das zwölffach »lautende« Weltenwort. Die Evangelien berichten, dass diese Seele nicht nur das Weltenwort aussprechen kann, sondern dass sie, indem sie das tut, geistig-seelische Nahrung aus sich hervorgehen lässt, die durch die Durchchristung Seelennahrung wird für Menschengruppen; eine Nahrung, die entstehen kann, weil diese Seele mit den seelenspeisenden Kräften in den Sternen in Übereinstimmung ist. Das Ereignis der Speisung der Fünftausend – die zwölf Körbe, die nachher eingesammelt werden, sind das übersinnliche Bild für die Heilung und Vollendung des Seelenleibes Jesu. Und wie diese Seele auch von der Übermacht der Lebenskräfte frei geworden ist, erscheint im Geistesbilde so, dass sie über den wogenden Fluten der ätherischen Wasserlebenskräfte frei gehen kann, ohne in ihnen mehr zu versinken. Die Jünger erleben: Christus wandelt auf dem Meer. Das Übergewicht der Seele über das Leben ist aufgehoben.

Dort, wo die Evangelien von der Speisung der Fünftausend berichten, von dem Wandeln auf dem Meer, schauen wir in eine Seele hinein, die vollständig wiederum den Zustand hat, den die Götter im Paradies für den Menschen bestimmt hatten. Es ist jedoch etwas hinzugekommen, was der paradiesische Mensch nicht hatte: das unendliche Mitleid. Durch den Einzug des sonnenhaften Ich, des Christus-Ich, ist die Seele Jesu zu Brot geworden und damit auch in ihrem urgewollten Wesen kosmisch autonom, frei von der Übermacht des niederen Ich, frei vom Übergewicht des Leibes und der Lebenskräfte. Indem das Christus-Ich weiter hinunterwirkt auf die Lebenskräfte, auf den Ätherleib des Jesus, gehen Ströme von lebentragenden Heilkräften von ihm aus, so dass schließlich auch der Ätherleib ganz selbstständig, frei, paradiesisch wird und nicht mehr das Licht des Seelischen und des Geistigen braucht, sondern selber zu leuchten vermag: »Und er ging mit ihnen auf den Berg und verklärte sich vor ihren Augen, und sein Angesicht leuchtete wie die Sonne und seine Gewänder wurden schneeweiß.« Ein freies, sündeloses, sonnenhaftes, ein selbstloses, tief mitleidfähiges, seelenspeisendes Seelenwesen lässt frei aus sich selber leuchtende, heilende, tragende Lebenskräfte aufleuchten.

Indem das Christus-Ich noch tiefer herunterwirkt, wird schließlich auch der materielle Stoff dieses Leibes ergriffen und ihm die Macht über das Leben, die Seele, den Geist genommen. Die stoffliche Materialität des Leibes wird aus einem allzu beseelten, allzu lebendigen, begierdedurchglühten Zustand in eine Art mineralisch-selbstlosen Zustand zurückgestoßen. Als dann der Christus Jesus auf dem Esel nach Jerusalem hineinreitet, schauen die Menschen mit Augen, wie die Haut leuchtet, wie die Materie bereits durchsichtig, durchscheinend geworden ist in diesem Leibe. Das »Hosiannah« der Menschen ist der Widerschein der Begeisterung in ihren Seelen, der Widerschein dessen, was sie halb bewusst leuchten sehen.

Sehen Sie, verehrte Anwesende, in dem Maße, wie dieser paradiesische Mensch wiederhergestellt wurde, aber erfüllt mit neuem Wesens-Inhalt, wie das Ich wieder sohnhaft, die Seele wieder sternenhaft, die Lebenskräfte wieder sonnenhaft, der Leib wieder, man möchte sagen kristallhaft geworden war, hielten die Wesensglieder nicht mehr zusammen, was sie ja bei den gewöhnlichen, durch den Sündenfall gegangenen Menschen gerade dadurch tun, dass sie miteinander in gegenseitigen Übergewichten verkrampft sind. Was musste geschehen? Man kann verstehen, dass der Tod kam, dass dieses paradiesisch gewordene Menschenwesen auf der Erde nicht mehr existieren konnte, ihm die Materie zu entfallen drohte und er Hilfe entgegennehmen musste, von der einen und von der anderen Seite. Diese Hilfe ist ihm zuteil geworden. Von der einen Seite, indem in Gethsemane der Engel, von dem die Evangelien sprechen, für Jesus die Seele und den Leib zusammenhalten hilft. Und von der anderen Seite ist es der Verräter Judas. Mit seiner Umarmung und seinem heftigen, leidenschaftlichen Liebeskuss vermittelt er Jesus die Kraft, die auch mithilft, für die wenigen Stunden weiterzuleben, Leib und Leben zusammenzuhalten, bis der Tod am Kreuz eintreten konnte.

Eine ungeheuer große Bedeutung für die Voraussetzungen der Auferstehung spielten schließlich die Wunden. Als erstes umwindet man ihn mit dem Strick bei der Gefangennahme; dann schlagen sie ihn vor dem Hohenpriester, es folgt die Geißelung, die Dornenkrönung, dann die Kreuztragung. Am deutlichsten wird die Bedeutung des Schmerzes in dem Moment, in dem sie die Nägel hindurchschlagen, mit Gewalt dieses schmerzerlebende Seelische noch einmal heranpressend an den Leib, endlich sogar mit Hilfe von Essig und Galle. Die ganze unschuldige, paradiesische, reine Leiblichkeit, die nur noch äußerlich den Materieschleier zeigt und in der rein erhaltenen Form wie ein Menschenleib aussieht, wird durch dieses Meer von Wunden wie erkraftet, erfestigt, bis der Tod eintritt, bis sich die Wesensglieder voneinander trennen, weil das Opferblut dem Leib entströmt. Denn es ist ein richtiger Tod.

Wenn man versucht, in das hineinzuschauen, was mit dieser unschuldigen Leiblichkeit, mit dieser paradiesisch gewordenen Jesus-Leiblichkeit in den folgenden drei Tagen geschieht, dann ahnt man, dass dieses Ich im Tode das volle Vaterbewusstsein hat und leuchtend wie die Sonne in das Innere der Erde eindringt. Katharina Emmerich hat dann das zweite beschrieben: Sie schaut, wie der Verstorbene am Karfreitagabend in der Nacht vor Karsamstag eindringt, sie sagt, »er geht durch die Felsen hindurch«. Es ist die Seele, die selbstständig geworden ist und alle Sternenkräfte aus dem Kosmos hereinholt in die Erdentiefe. Die Lebenskräfte aber, sie zerfließen nicht wie bei jedem normalen sterblichen Menschen in den Weltenäther, sondern dieser Ätherleib, der alle Ereignisse der dreieinhalb Jahre als Erinnerungstableau in sich trägt, konsolidiert sich zu einem eigenen Reich des Lebens, erfüllt von Bildern, Kräften und Wesen. Jede Begegnung, jedes Wort, jede Handlung, jede Tat vor allem der drei Jahre des Erdenlebens Christi leuchtet in sich, bildet einen eigenen Lebenskräftebereich, ein Reich des Lebens innerhalb der Erde. Dem Blute aber, das aus den zahllosen Wunden strömt, ist etwas beigegeben, das in dieser Weise nur Jesus selber haben konnte: Es strömt in diesem Blut ein Glaube, ein Vertrauen in den gesamten Entwicklungsprozess des Weltalls; man möchte sagen, ein absolutes Vertrauen strömt mit diesem Blut aus und verwandelt es sofort ins Geistige – denn es ist ja paradiesisch –, so dass eine Aura von leuchtendem Vertrauen die Erde durchzieht. – Sie nehmen dann den Leib ab und legen ihn in Tücher, umwickeln ihn mit den Spezereien, legen ihn in das Grab. Und dieser Leib, der da am Kreuze gehangen hat, der durch den Tod geht, den sie herabnehmen, den sie waschen, in Tücher und Spezereien hineinwickeln, dieser Leib selber ist ja schon eigentlich lauter Licht. Alles, was in der Materie dieses Leibes die Materiefähigkeit hat, durchgeistigt und durchseelt zu sein, wird in den drei Tagen der Grabesstille transsubstantiiert zur geistigen Materie. Und alles, was in dieser Materie den Tiefen angehört, der Schwere, dem Untersinnlichen, dem Staub, das fällt bei dem Erdbeben wie Asche aus dem in die Tücher gewickelten Leib heraus. Die Erde beginnt sich aufzutun und zusammenzuziehen, zu atmen, mehrfach Atemstöße hervorzubringen, wobei diese Asche in den Erdspalt – in die ganze Erde – hereingenommen wird. Seither ist sie in der Erde wirksam – ein Ferment der Vergeistigung der Erdenmaterie.

Am Ostermorgen nun aufersteht diese Materie. Sie vereinigt sich wieder als Geistmaterie mit den Lebenskräften und der Seele. Das ist das eigentliche Geheimnis der Auferstehung. Denn, sehen Sie, alle Verwandlungen, das Unschuldigmachen des Jesusleibes, das Zurückführen des Jesusleibes in den paradiesischen Zustand der geistigen Kräfte, der Seelenkräfte, der Lebenskräfte, sogar der Materie, hat nur dann einen Sinn, wenn die reine Form des menschlichen Leibes aufrechterhalten bleibt, das, was Rudolf Steiner in den Vorträgen »Von Jesus zu Christus« das »Phantom« nennt. Diese rein geistige Menschenform, welche die Garantie dafür gibt, dass ein Menschenwesen eine in sich geschlossene Wesenheit ist, sie ist es, die sich aus dem Grabe erhebt, die die Stofflichkeiten in sich hineinnimmt und verwandelt, die Lebenskräfte wieder an sich zieht, die Seele mit den Lebenskräften wieder vereinigt und das Ich, das Christus-Ich in dieser Auferstehungsleiblichkeit aufleuchten lässt wie eine Sonne in einem eigenen Reich. Die unschuldig-paradiesische Leiblichkeit des Jesus von Nazareth, durchwaltet von der Christuswesenheit, ist Voraussetzung und Verwirklichung für die leibliche Auferstehung am Ostermorgen. Diese Auferstehungsleiblichkeit des Ostermorgens bleibt durch vierzig Tage beisammen, bis die Christuswesenheit sie wieder aufopfert, indem sie die Kräfte, welche die Auferstehungsleiblichkeit gebildet haben, ausstrahlen lässt in den Ätherleib und in den Astralleib der Erde und ihr die Kraft der Vervielfältigung, die Keimkraft gibt. Das Weltvertrauen, das mit dem Blut ausgeströmt ist, das vollständig reine Sich-Bekennen zur Belebung der menschlichen Gestalt ist der moralisch-geistige Hintergrund für das, was wir heute Leib und Blut Christi nennen. Das Zentrum ist der Christus Jesus selber. Aber dadurch, dass er sich hingegeben hat in die ganze Erde, in die ganze Menschheit, hat er in jedem Augenblick und an jedem Ort der Erde die Möglichkeit, seine hingeopferte Leiblichkeit und sein Blut für den Moment verdichtend herzustellen und übergehen zu lassen auf Brot und Wein in jedem Sakrament, auf die Leiber der Menschen, in das Blut der Menschen. Der Christus kann in uns Menschen die Liebe, die wir zu ihm haben, so weit verstärken, dass sie nicht nur in unseren Seelen bleibt, sondern langsam in den Atem, in den Puls, in das Blut übergeht. So lässt er unseren Leib teilnehmen an der Heilung der Sündenkrankheit, an der Befreiung des Menschenwesens von der Überwältigung durch die Materie und an der Kraft, auch einen gewissen Teil der Materie unseres irdischen Leibes zu vergeistigen. Dies geschieht, indem wir den Kultus, das Abendmahl, die Kommunion empfangen; aber auch indem wir durch Ihn in der Lage sind, die Christusliebe in unseren Herzen so zu intensivieren, unser Gemüt so tief mit ihm zu verbinden, dass auch dies schon auf den Atem, auf das Blut zurückwirkt und dadurch das Erlebnis der Heilung unserer geistleiblichen Gestalt herbeiführt.

Lassen Sie mich abschließen mit den ahnenden Worten, die Novalis ausspricht:

>*»Wenige wissen*
Das Geheimnis der Liebe,
Fühlen Unersättlichkeit
Und ewigen Durst.
Des Abendmahls

Göttliche Bedeutung
Ist den irdischen Sinnen Rätsel;
Aber wer jemals
Von heißen, geliebten Lippen
Atem des Lebens sog,
Wem heilige Glut
In zitternde Wellen das Herz schmolz,
Wem das Auge aufging,
Dass er des Himmels
Unergründliche Tiefe maß,
Wird essen von seinem Leibe
Und trinken von seinem Blute
Ewiglich.
Wer hat des irdischen Leibes
Hohen Sinn erraten?
Wer kann sagen,
Dass er das Blut versteht?
Einst ist alles Leib,
Ein Leib,
In himmlischem Blute
Schwimmt das selige Paar. –
Oh! dass das Weltmeer
Schon errötete,
Und in duftiges Fleisch
Aufquölle der Fels!
Nie endet das süße Mahl,
Nie sättigt die Liebe sich.
Nicht innig, nicht eigen genug
Kann sie haben den Geliebten.
Von immer zärteren Lippen
Verwandelt wird das Genossene,

Inniglicher und näher.
Heißere Wollust
Durchbebt die Seele.
Durstiger und hungriger
Wird das Herz:
Und so währet der Liebe Genuss
Von Ewigkeit zu Ewigkeit.
Hätten die Nüchternen
Einmal gekostet,
Alles verließen sie,
Und setzten sich zu uns
An den Tisch der Sehnsucht,
Der nie leer wird.
Sie erkennten der Liebe
Unendliche Fülle,
Und priesen die Nahrung
Von Leib und Blut.«

Die Auferstehung Christi

Meine sehr verehrten, lieben Anwesenden!

Was wir mit dem Wort »Die Auferstehung Christi« bezeichnen, hat ja einen ganz gewaltigen Inhalt und gehört zu den Fundamenten des Christentums. Man kann vielleicht sagen, dass das erste Fundament des Christentums das Weihnachtsgeschehen ist mit dem realen Inhalt: »Das Wort ist Fleisch geworden.« Dahinter steht das Opfer einer göttlichen Wesenheit, die sich anschickt, die göttlichen Welten zu verlassen und in einem Menschen auf der Erde eine Weile menschliches Leben und Erleben durchzumachen. Das zweite Fundament ist die Ostertat – der Tod, die Grablegung, die Auferstehung Christi. Das dritte Fundament ist, was mit Himmelfahrt und Pfingsten erscheint, die Bedeutung, die Wirkung dieser Lebens-Todes-Tat des eigentlichen Mysteriums von Golgatha sowohl für die ganze Erde als auch für die ganze Menschheit.

Wenn man sich diese Grundfigur des Christentums, des Christseins anschaut, hat man den Eindruck, dass aus unendlichen Weiten, aus dem gesamten Weltenumkreis sich etwas zusammenzieht in eine Art Mittelpunkt, in eine Art Zentrum und sich dann innerhalb dieses Zentrums das große Mysterium vollzieht, das große Geheimnis: Tod, Grablegung, Auferstehung. Dieses Zentrum, dieser Quellpunkt wird nun in alle Unendlichkeit hinaus seine Zukunftswirkungen haben. Das erscheint wie ein riesiger, einmaliger göttlicher Lebensatemzug.

Nun hat sich ja die Christenheit in den 2000 Jahren ihrer Existenz im Wesentlichen immer so verhalten, dass sie diese Tatsachen bloß hingenommen hat. Das Wichtige für die Christenherzen und Christenseelen war eigentlich – ich denke, man sagt da nicht zuviel – nicht so sehr die Tatsache, sondern vielmehr die Bedeutung dieser Tatsache für den Menschen, die Erlösung des Menschen, das gläubige, persönliche Verhältnis des Christen zu seinem Heiland. Es hat den Menschen mehr die Frage beschäftigt: Was habe ich davon, was bedeutet es für mich, die Rettung meiner Seele, die Rettung meiner menschlichen Existenz? Der Blick aber auf das Wesen, das diese gewaltigen Tatsachen vollbracht hat – ich darf es noch deutlicher sagen: das Sich-Hineinsenken und Hineinleben in dieses Wesen selbst, unabhängig davon, was seine Existenz für mich bedeutet –, ist eigentlich in der Christenheit zu kurz gekommen. Deshalb möchte ich heute versuchen, von der Auferstehung Christi so zu sprechen, dass sie den Menschen gar nichts angeht. Das heißt also den Versuch machen, möglichst sachgemäß, möglichst geistig selbstlos hinzuschauen auf das, was geschehen ist.

Nun ist es ja so, dass wir zunächst auf die Bilder der Evangelien bei der Betrachtung der Auferstehung Christi angewiesen sind. Ein sehr eigenartiger Charakter haftet ihnen an. Wenn man im Vorstellen, im Hinschauen auf das Mysterium von Golgatha die zentrale Gestalt begleitet, in Gedanken, kann man weitgehend mit ihr mitgehen, denn man sieht sie ja. Man kann sich an den rein sinnlichen Bildgehalt halten und ihn so nehmen, wie er ist, als Bild. Dass das gleichzeitig das Bild ist für etwas Nichtsinnliches, etwas Wesenhaftes, nimmt ja doch dem Bilde nichts von seinem Bildcharakter. Man sieht den Christus Jesus durch die Karwoche wandeln, Tag für Tag. Man sieht ihn dann hinschreiten, hingehen, auch hingeführt werden durch die Menschenmenge zu den Stunden des Karfreitags. Wir brauchen uns nicht einmal an die Maler zu wenden, die zahllosen Kreuzigungs-Darstellungen anzuschauen, sondern jeder Mensch kann, indem er die Bilder der Evangelien zur Kenntnis nimmt, in der Vorstellung mitgehen: das Aufspannen dieses Menschen an das Kreuz, die Aufrichtung des Kreuzes – man sieht ihn hängen, man hört ihn sprechen. Das Vorstellungsvermögen ist mit dem Vordergründigen voll ausgefüllt, mit dem sinnlich Wahrnehmbaren; aber durch dieses Vordergründige, Wahrnehmbare der Bilder hindurch kraftet immer das eigentliche, verborgene Geschehen. Man kann sogar mit der Kreuzabnahme mitgehen: Joseph von Arimathia, Nikodemus, die Frauen – das sind bekannte Bilder. Man kann den gewaschenen und in die Tücher eingehüllten Leichnam vor sich sehen, der in die Spezereien eingebettet ist – in diese sonderbaren Blätter –, der vielleicht mit gefalteten Händen in der Grabeskammer ruht. Man kann sich das vorstellen; man sollte es auch tun. Aber dann – am Ostermorgen heißt es: »Das Grab ist leer!« Gewiss, man sieht vielleicht die Tücher noch liegen, wie es bei Johannes heißt, das Schweißtuch abseits. Doch die Zentralgestalt ist nicht mehr im Blick. Das Eigenartige ist, dass die Evangelien das Geschehen der Auferstehung verhüllen, sich an dem Umkreis spiegeln lassen. Der nähere Umkreis für die Spiegelung der Auferstehungsereignisse sind die Menschen, bei Matthäus, Markus und Lukas die Frauen, die morgens an das Grab kommen, und man muss schon sehr genau hinschauen, dass es jeweils zwar zwei oder drei Frauen sind, aber nicht dieselben drei Frauen. Es beginnt sich in den Seelen, in den Gedanken dieser Frauen nun das Ereignis zu spiegeln, ohne dass es als solches sichtbar wird, es bleibt verborgen. Bei Matthäus finden wir zudem die Wächter, die durch die Ereignisse des Ostermorgens in eine Art Bewusstlosigkeit hineingeraten. Wir sehen bei Johannes die beiden Jünger am Grabe: Petrus und der andere, wie es da heißt. Der menschliche Umkreis ist da, und was in diesen Menschen vorgeht, ist zunächst bereits eine Wirkung dessen, dass das Grab leer ist.

Es bleibt jedoch nicht bei diesem menschlichen Umkreis. Die Evangelien gehen noch weiter: Sie schildern den Umkreis des Kosmos, der an dem Ereignis teilnimmt. Das beginnt ja schon am Karfreitag mit der Sonnen-Verdunkelung, einem Geschehen im atmosphärischen Bereich der Erde, so dass die grünen Pflanzen grau werden, die Blüten ihre Farben verlieren. Die Atmosphäre bekommt ein eigenartiges

Fahlgrau, die Sonne verliert den Schein und wird zu einer schneeweißen, kaum durchschimmernden Scheibe. Dieses Verdüsterungs-, dieses Verfinsterungs-Ereignis der Atmosphäre ergreift langsam den Erdorganismus, und von der Todesstunde an – drei Uhr nachmittags – setzt das Erdbeben ein. Es ist also nicht nur der menschliche Umkreis beteiligt an der Auferstehung, sondern auch der kosmische, der tellurische. Aber nicht genug damit. Es erscheinen dann am Grabe die Hierarchien. Wieder muss man sehr genau hinschauen. Dann sieht man, wie bei Matthäus der Engel des Herrn durch diese Finsternis durchbricht, das Erdbeben aufgreift: Er wälzt den Stein beiseite und setzt sich darauf – eine hierarchisch-kosmische Imagination, welche die Frauen haben. Bei Markus heißt es »der Jüngling zur Rechten, in ein langwallendes, leuchtendes Gewand gehüllt«. Im Lukasevangelium wird berichtet, wie die Frauen in das leere Grab schauen und zwei Männer in leuchtenden Gewändern hinzutreten und zu sprechen beginnen. Bei Johannes ist Maria Magdalena allein, sie schaut in die dunkle Kammer und sieht zwei Engel, den einen zu Häupten, den anderen zu Füßen dort, wo der Leichnam war. Man hat mit einem Male den Eindruck, die göttlichen Wesen, die Hierarchien Stufe um Stufe nehmen Anteil an diesem Geschehen. Aber die Auferstehung ist immer noch nicht zu erkennen. Es wird nur gesagt – außer bei Johannes –: Er ist nicht hier! Was hier ist, ist die Stätte, der hagios topos; da wurde er hingelegt, aber er ist nicht mehr hier, er ist auferstanden.

Nun, es ist ja in den Bildern der Evangelien ein Menschenwort: »Er ist auferstanden«, ein griechisches oder ein römisches, ein aramäisches oder hebräisches. Aber das Bewusstsein der hierarchischen Wesen, der Engel, Erzengel, des Archai, dieses Geistes der Form, der den Stein beiseitewälzen kann, ist erfüllt von der Tatsache der Auferstehung. Die Engelwesen wissen es, sie haben es erlebt und übergeben es den Seelen der Frauen. Und die Frauen wissen nicht, wie sie es fassen sollen. Bitte, liebe Zuhörer, schauen Sie sich einmal an, wie die Bilder der Evangelien am Ostermorgen aussehen. Immer steht im Mittelpunkt die geradezu herausfordernde Bildhaftigkeit, die aufweckende Bildhaftigkeit des leeren Grabes. Wo ist er? Bis in der Seele der Maria Magdalena diese feine Frage sich immer deutlicher heraufarbeitet in das Bewusstsein – mit einem Male ist er da. Die leere Stelle des Bildes füllt sich mit einem realen Inhalt, der aber von einer Richtung herkommt, an das Bewusstsein dieses Menschen herantritt, mit der man zunächst gar nicht rechnet, auch sie nicht. Die Berührung, die erfolgt, ist eine rein geistige. »Mirijam«. Und dann: »Rabbuni«. Mit einem Male ist das Ich dieser Frau angesprochen, und jetzt versucht sie, dies in ihr Bewusstsein aufzunehmen. Die Stimmung um den Auferstandenen ist so, dass sie sagt, das sei der Gärtner. Warum der Gärtner, also der, der die Lebenskräfte pflegt? Schließlich nimmt sie wahr, dass dieser Gärtner der Auferstandene ist. Und dann entsteht in der Intensität dieser Seele etwas, was zunächst zurückgewiesen wird. »Ich bin auferstanden, aber noch nicht aufgefahren« – welche merkwürdige Unterscheidung, die uns sofort in ein Geschehen hineinführt, das sich noch weiter entwickelt. Der Auferstandene im Keimzustand, im Bilde des Gärtners, im Bilde des Wesens, das das Leben pflegt. – Es vergeht der Tag. Lukas erzählt, wie die beiden Männer, Kleophas und sein Freund, abends die wenigen Meilen von Jerusalem nach Emmaus hinüberwandern, nach Nordwesten, über die Mizpah-Höhe hinüber, über die Berge, die nach dem Mittelmeer offen sind. Gegen Abend, bei Sonnenuntergang – ist er wieder zugegen, nun in ganz anderer Weise. Man hat übersetzt: »In einer andersartigen Gestalt«, aber man könnte auch sagen, in einer fortwährend sich verwandelnden Art und Weise. Er ist jetzt nicht mehr wie der Gärtner, der das Leben pflegt und trägt, sondern wie einer, der mitgeht, mitwandert mit den beiden. Indem sie gehen und sprechen und die Bilder des Alten Testamentes langsam auftauchen, die Verkündigung über den Menschensohn, der leiden muss, der durch den Tod gehen muss, der auferstehen wird, beginnen ihnen diese Verkündigungen immer verständlicher zu werden. Er ist wie einer, der mitgeht und Sinn gibt dem Gewordenen, dem Unbekannten; wie ein sinngebender Begleiter, ein Wandelnder geht er mit. Es kommt dann die wunderbare Szene in dem Raum, in den sie hineingehen: »Bleibe bei uns, es will Abend werden, der Tag hat sich geneigt ...« Sie brechen das Brot, und in diesem Augenblick ist er voll erkennbar. Bei der Maria Magdalena in dem Augenblick, in dem er ihren Namen nennt, ihr Ich anspricht, bei den Jüngern, als sich die Verwandlung vollzieht. Das Brot leuchtet auf, die Aura leuchtet auf. Jetzt ist er zugegen, aber im nächsten Moment schon wieder fort. Erneut hat man den Eindruck: Noch immer wird die Auferstehung weitergeführt. – Nun kommen sie zurück und treffen die Jünger da in dem Markus-Haus an, versammelt bei verschlossenen Türen. An dem späten Abend dieses Ostersonntags verwirklicht er sich, wie es heißt, bei verschlossenen Türen für das Wahrnehmen, für das Anschauen wie eine absolute Gegenwart. Und gleichzeitig: »Friede sei mit euch!« Da haucht er sie an und spricht: »Nehmet hin den heilig reinen Geist, ihr werdet ihn verwalten können durch mich.« Jetzt hat sich etwas gebildet, und das Eigenartige ist, dass das, was sich da bildete, Leuchtpunkte hat, die ihre Schwere in sich selber tragen. Aber der Prozess der Auferstehung ist immer noch nicht am Ende, sondern nach diesen intensiven Gegenwärtigkeiten, nach dieser Begegnung, bei der die elf Jünger unmittelbar die reale Gegenwart des Auferstandenen spüren, erleben, wahrnehmen, schauen, ereignet sich acht Tage später das genaue Gegenteil von dem, was am Ostermorgen geschehen war, als Maria Magdalena versucht hatte, was sie schaute, anzurühren, und zurückgewiesen wurde. Er spricht zu Thomas: »Lege deine Hände in meine Seite, reiche deinen Finger, berühre die Wunden.« Verehrte Zuhörer, kann man denn diese scheinbare Widersprüchlichkeit ernst nehmen? Tut man es aber nicht, muss man die Evangelien auf den Kopf stellen. Sie schildern jedoch ganz genau die Selbstverwirklichung des Auferstandenen in einer Geistleiblichkeit, die eine Intensität hat bis zur Sinneswahrnehmung des menschlichen Tastsinnes. Man hat den Eindruck, hier ist über die Gegenwart hinaus eine Art Vollmacht, so dass Thomas sofort sagt: »Du bist mein Herr und mein Gott.« Eine Art Vollmacht: »Mir ist gegeben die Vollmacht über alles Fleisch, über alles Leibliche.« Diese Vollmacht steigert sich noch. Wir finden bei Johannes jene Szene, die sich im Bilde am Ufer des Galiläischen Meeres abspielt, im Morgengrauen beim Hereinkommen der Jünger in ihre Leiblichkeit, beim Aufwachen: Gemeinsam nehmen sie seine Anwesenheit am Kohlenfeuer wahr. Und nachdem sie das Mahl miteinander gehalten haben, folgen die gewaltigen Einschläge in die Schicksale, das Wort an Petrus: »Liebst du mich? In deinen jungen Jahren hast du dich selbst gegürtet und bist gegangen, wohin du wolltest, in späteren Jahren wird ein anderer kommen und wird dich hinführen, wohin du nicht willst. Das sagte er, um zu zeigen, wie das Göttliche in ihm zur Offenbarung kommen würde.« Oder das Wort an den Petrus: »Wenn ich will, dass er bleibe, bis ich komme, was geht das dich an?« Es zeigt sich nicht nur die Vollmacht über die Leiblichkeit, sondern die Vollmacht, die Schicksale zu bestimmen in weite Zukunft hinein, Zukunftsperspektiven zu entfalten. – Schließlich neigt sich die eigenartige Zeit des Zusammenlebens der Jünger mit dem Auferstandenen ihrem Ende zu. Nur 40 Tage waren es. 40 Tage gehen schnell vorbei – und dann war dies zu Ende. Man muss auch darin die Evangelien ernst nehmen. Sie lassen nicht den geringsten Zweifel daran, dass die Art und Weise, wie der Auferstandene mit den Jüngern, den Frauen, mit den Menschen, die ihn umgaben, gelebt hat, etwas absolut Einmaliges war, das mit dem Ostermorgen begann und mit dem Himmelfahrtstage sein Ende fand.

Liebe Anwesende, ich möchte mit alledem einmal deutlich machen, dass die Auferstehung ein Prozess ist, ein Vorgang, und dass die Evangelien uns über den eigentlichen Vorgang selbst nichts sagen. Sie sparen zunächst das Bild aus, sie zeigen den Umkreis, in dem sich alles zugetragen hat – das Zentrum verschweigen sie; es bleibt verborgen, wie die Auferstehung wirklich stattgefunden hat. Und dann zeigen sie den sich fortwährend wandelnden Auferstandenen.

Man kann das Geheimnis der Auferstehung überhaupt nicht begreifen, wenn man nicht zunächst einmal den Hintergrund anschaut, vor dem sie geschieht. Der Untergrund für die Auferstehung ist die Art, wie der Mensch auf Erden Mensch ist und sich höchstens mit größten geistigen Anstrengungen bis zu einem gewissen Grade von dem Band, der Gewalt der Materie lösen kann – wenn er das überhaupt will, die meisten wollen es ja gar nicht –, wie er nicht in der Lage ist, diese Materie seines Leibes wirklich zu beherrschen. Die Auferstehung ist aber ein leiblicher Vorgang. Wenn man die Art der menschlichen Verkörperung, der menschlichen Leiblichkeit sich immer deutlicher macht als einen inneren Prozess, als einen fortwährenden Vorgang, der von der Geburt her anfängt, durch das ganze Leben zieht und im Tode sich löst, sehen Sie, dann kann man verstehen, warum auch nach dem Tode diese Materiebezogenheit, diese Materie-Verwandtschaft des Menschen weiter wirkt, und zwar in der Richtung, dass durch die Materie-Verwandtschaft die Menschheit selbst in die Regionen der zerfallenden Leiblichkeit hineingerissen wird und der Mensch nach dem Tode nicht mehr die Kraft hat, seine Seele zusammenzuhalten. Und dass auf der anderen Seite, wenn die Spiegelung seines Leibes im Tode vergeht, der Mensch nicht mehr in der Lage ist, in der geistigen Welt wirklich wach und bewusst zu sein.

Wenn Sie jetzt das ganze Bild nehmen – auf der einen Seite, wie wir verkörpert sind und diese Verkörperung die Folge unserer kosmischen Verhältnisse ist, und auf der anderen Seite, wie wir durch diese Verkörperung bedroht sind in Bezug auf unser geistiges Wesen, unsere geistige Existenz, dann kann man tatsächlich verstehen, dass dieser Angriff für die Menschen trauervoll, für die Götter eine gewaltige Aufforderung war. Es ist ein unvorstellbar großes Opfer, das die Christuswesenheit gebracht hat: diesen Weg nachzugehen und sich in ein Menschenwesen hineinzuverkörpern, das wie wir alle verkörperter, fleischlicher Mensch ist mit den Verdunklungen und Schwächen und Gefährdungen und Wandlungsmöglichkeiten, die nun einmal mit der gefallenen Menschennatur verbunden sind. Man kann verstehen, dass das Mysterium von Golgatha bis in die Fundamente der menschlichen Existenz herein die Tat war, diesen Verfall aufzuheben. Sehen Sie, damit ist die Auferstehung etwas, das eigentlich nicht erst am Ostermorgen geschieht, sondern in dem Augenblick beginnt, in dem bei der Jordantaufe in den Menschen Jesus der Christus einzieht. Aber dieser Christus ist nun nicht darauf angewiesen, sein Bewusstsein an einem Menschenleib spiegeln zu lassen; denken Sie einmal, wie wir als Menschen zu unserem Bewusstsein überhaupt erst dadurch kommen, dass wir als Kinder hereinschlafen und dann am Leibe erwachen und an der Außenwelt erwachen – das Christuswesen kommt vollwach herein, braucht keine physische Stütze an dem Leibe des Menschen, in den es einzieht, sondern trägt die Wachheit seines Bewusstseins majestätisch göttlich in sich. Er wacht durch sich, nicht durch den Leib.

Die erste Folge davon ist, dass er sofort durchschaut, wie tief die Menschennatur verletzt ist. Das wird in den Evangelien beschrieben als die Begegnung mit den Widersachern. Aber auch das andere ist, ich möchte beinahe sagen: selbstverständlich, dass diese in sich selbst ruhende Wachheit, diese sonnenhafte Selbstheit dieses göttlichen Ich sofort beginnt, an den Hüllen die Folgen des Sündenfalles zu tilgen. Die Evangelien lassen gar keinen Zweifel über die Art, wie das vor sich geht. Man kann sehen, wie die Seelenwelt des Jesus-Menschen durch die Anwesenheit des Christus in ihm verwandelt wird in die spendende Selbstlosigkeit, die geradezu zu Brot wird für die Menschen, was in den Evangelien als die Speisung der 5000 beschrieben wird. Wie dann das göttliche Bewusstsein, das göttliche Wesen noch tiefer eindringt in die Lebenskräfte dieses Menschenwesens und wie die Lebenskräfte jetzt nicht mehr in der Gefahr stehen, sich auf der einen Seite zu intensiv mit der Materie zu durchdringen, auf der anderen Seite beim Tode in die Weltenweiten zu entfliehen, sondern wie diese Lebenskräfte selber Sonne werden. Sonnenhaft leuchtende Lebenskräfte, die in der Verklärung auf dem Berge Tabor aufleuchten für das Schauen der Jünger. Dann sieht man, wie die göttliche Wesenheit noch tiefer eindringt in den Menschen und nun tatsächlich bis in Haut und Knochen, bis in die physische Leiblichkeit, bis in die reine Formkraft hinein lockernd und lösend und leuchtend wird und schließlich die reine Menschenleibgestalt aus sich selber zu existieren beginnt; und wie die Materie, der Stoff, indem er hereingenommen wird in das göttliche Wesen, in diesem Menschenleib, in dem das göttliche Wesen wohnt, vollständig verwandelt wird.

Liebe Anwesende, die Materie hat ihre Geheimnisse. Nicht wahr, äußerlich angesehen sagt man heute von der Materie, sie sei entweder ein Kristall, oder sie zerstäube, und dann sei sie Elektromagnetismus. Man sieht aber nicht, dass die Materie ihre Innenseite überhaupt erst dort offenbart, wo sie in einem menschlichen Leibe ankommt; gerade nicht draußen bei den Pflanzen, Tieren und Mineralien, sondern erst in einem Menschenleib. Dort, im menschlichen Leibe offenbart sie ihr eigentliches Wesen, nämlich ihre Fähigkeit, Kristallkräfte zu entwickeln, das heißt zu spiegeln, so dass das menschliche Bewusstsein entstehen kann, und andererseits verwandlungsfähig zu sein, hereingenommen werden zu können in einen Menschenleib und wieder abgeschieden zu werden von diesem Menschenleib. Dort aber, wo eine geistige Vollmacht auftritt, wo ein göttliches Wesen in die Materie eindringt, kann dieses göttliche Wesen die Materie selber auflösen. Die größte Schwierigkeit gegenüber der Auferstehung Christi haben wir Menschen heute dadurch, dass wir an die Materie glauben, und zwar so, dass wir gar nicht auf den Gedanken kommen, die Naturgesetze, die ja nichts anderes sind als der Ausdruck der Erstarrung der materiellen Prozesse, könnten auch aufgehoben werden.

Das göttliche Wesen des Christus greift so in die Seele des Menschen Jesus ein, dass sie das Gegenteil von Egoismus, von Selbstsucht und Materiesucht entwickelt, nämlich speisende Seelen-Liebeskraft. Der Christus greift so in die Lebenskräfte Jesu ein, dass diese Lebenskräfte das Gegenteil von dem werden, was sie an die Materie bindet, nämlich selber Materie erzeugend, schöpferisch, sonnenhaft. Und schließlich greift das göttliche Wesen in die Materie ein, in die Gestalt eines Menschenleibes, so dass diese Gestalt wieder vollkommen heilt und die Materie in die Leiblichkeit hinein vergeistigt. Es fällt von diesem Menschenleibe nur ab, was eben Staub und Asche ist.

Jetzt können wir vielleicht den Vorgang aufbauen, wir können vielleicht hineinschauen in den Vorgang der Auferstehung. Als das Christuswesen sich von dem Jesus trennte, im Tode, wurde ein Leib in das Grab gelegt, der schon als Leichnam etwas völlig anderes war als die Leiber der übrigen Menschen, in dem schon als Leichnam die reine Geistgestalt des menschlichen physischen Leibes vollkommen heil wiederhergestellt war, so dass dieser Leib, als die Menschen nach dem Ritus der jüdischen Bestattung ihn mit den verschiedenen Spezereien einhüllten, ganz schnell zu zerfallen begann in Bezug auf seine Materie. Wie durchsichtig, wie Kristall auf der einen Seite – auf der anderen Seite die feine rieselnde Asche. Und schauen Sie, jetzt kommt die große Hilfe der Geisteswissenschaft an dieser Stelle hinzu, wenn Rudolf Steiner die Auferstehung aus der Geistesschau so beschreibt: Nachdem der Leichnam drei Tage in dem Grabe gelegen hat, war er bereits wesentlich verändert. Als dann durch das Erdbeben sich die Grabeskammer bewegte, als durch die sich öffnenden und schließenden Erdspalten Aus- und Einatmungs-Luftströme durch die Grabkammer zogen (die Erde saugt und bläst wieder aus, wenn sich bei einem Erdbeben die Spalten öffnen und schließen), atmete die Erde gewissermaßen den dem Leib entfallenen Staub ein, und andererseits erhob sich die reine Formgestalt, die geistleuchtende Formgestalt aus diesem Grabe, aus den Tüchern heraus, erfüllt mit dem Teil der Materie, der ihre Spiegelkraft trägt, der ihre Verwandlungskräfte trägt – eine Befreiung von Staub und Asche. – Ich werde diese alte Formel bei Beerdigungen in der protestantischen Kirche nie vergessen: »Erde zu Erde, Asche zu Asche, Staub zu Staube«. In gewisser Hoffnung auf eine Erhebung der Geistgestalt aus dem Grabe.

Der Auferstehungsleib, der da aufsteigt, das Grab leer lässt, der zunächst dem Schauen der Menschen gar nicht zugänglich ist, hat nun allerdings Eigenschaften, Kräfte und Fähigkeiten in sich, die es vorher und nachher nie gegeben hat. Sehen Sie, liebe Anwesende, versuchen Sie einmal, sich klarzumachen, was es heißt, dass wir einen Menschenleib mit einem Schwerpunkt haben. Durch die angesammelte Materie bekommt unser Leib ein Verhältnis zur Erdenschwere und hat einen Schwerpunkt. Wir müssen uns fortwährend gegen diesen Schwerpunkt aufrichten und ihn immer aktiv gleichgewichtig über dem Boden halten, auf dem wir gehen. Man versuche sich einmal einen Leib vorzustellen, dessen Schwerpunkt nicht dem Schwerefeld der Erde unterliegt, aber auch nicht den auseinanderziehenden Kräften in den Weltenweiten, einen Leib, der seine Schwerkraft in sich selber hat und aus sich selber steigt und fällt – schwebt. »Ich sag es jedem, dass er lebt ..., dass er in unsrer Mitte schwebt« (Novalis). Fünf geistige Schwerpunkte hingegen trägt der Leib des Christus Jesus an den Stellen, wo sie ihn verwundet haben und das Seelische tiefer eingegriffen hat im Schmerz; hinzu kommt der Kranz der Wunden, der durch die Krone hervorgerufen war und durch die Geißelung. Das alles sind Prozesse, die vom körperlichen Schmerzgefühl aus eine Art geistige Verdichtung herbeigeführt haben, so dass die Wunden des Auferstandenen zu geistigen Schwerpunkten werden, an denen er sich bewegt. Weder wird er in den Erdenmittelpunkt gezogen, noch wird er in die Weltenperipherie gezogen.

Er hält sich in sich, und diese fünf Schwerpunkte leuchten, sie sind Quellen schöpferischer Kraft. Oder denken Sie einmal daran, wie wir Menschen mit unserem schweren irdischen Leib darauf angewiesen sind, Nahrung aufzunehmen. Und versuchen Sie, sich das Gegenteil vorzustellen: eine Leiblichkeit, die selber speisen kann, von der Ströme von Leben ausgehen, die jedes Stück Brot, das wir am Altar heiligen, mit einer Aura von leuchtendem, nährendem geistigen Leben erfüllt. So erschien der Auferstandene den Menschen, die ihn schauen konnten. Und dazu kam noch das dritte: Seine Vollmacht war so gewaltig, dass er die geistigen Kräfte bis zu einer Art sinnlicher Wahrnehmbarkeit verdichten konnte.

Der neue Mensch ist da. Wir müssen nicht sogleich reflektieren, was das für uns bedeutet. Es ist viel günstiger, wenn wir aus dem neuen geistigen Bewusstsein heraus versuchen, den Vorgang selbst uns irgendwie fassbar zu machen, zu vergegenwärtigen. Das ist jedoch nur möglich, indem wir uns darüber klarwerden, wie unsere Seele fortwährend in der Gefahr ist, sich an die Materie zu verlieren oder weltflüchtig zu werden und das irdische Bewusstsein aufzugeben. Und schauen wir nun auf das Bewusstsein des Christus Jesus, das sonnenhaft in sich ruht und gar nicht angewiesen ist darauf, an einem Leibe sich zu spiegeln. Es leuchtet! Seine Seele ist nicht mehr darauf angewiesen, sich selber steigernd zu erleben. Man braucht in unseren menschlichen Zusammenhängen nur an einen Melancholiker oder einen Hysteriker zu denken, wo man diese Selbststeigerung mit

Händen greifen kann, so extrem ist sie. Die von dem Christus ergriffene Seele Jesu hingegen schafft fortwährend Liebe, strahlt Substanz aus. Sehen Sie, dass es den Auferstandenen überhaupt gegeben hat, dass die göttliche Christuswesenheit den Menschen Jesus in sich aufzunehmen vermochte, das ist das eigentliche Faktum. So wie man sagen kann, dass der Mensch Jesus den Christus in sich aufnimmt durch die drei Jahre und der Christus an diesem Menschen die Auferstehung vorbereitet, Schritt für Schritt, indem er diesen Menschen verwandelt, so kann man sagen, dass am Ostermorgen nun der Christus den Jesus in sich aufnimmt, vollständig in sich aufnimmt, so dass jetzt ein Wesen da ist: der Auferstandene. Aber sehen Sie bitte, auch das ist noch zu fest, denn er hat gesagt: »Ich bin die Auferstehung und das Leben.« Wenn man dieses Bild, diesen Begriff von dem Auferstandenen durchdringt mit dem, was die Auferstehung ist, wenn man dieses allererste und einzigartige Ergebnis der Auferstehung nun wiederum als den Quellpunkt nimmt, aus dem Auferstehung bis in alle Ewigkeit immer wieder hervorzugehen vermag, dann kann man tatsächlich sagen: Christus ist die Auferstehung. Das hat er nämlich dann verwirklicht, als er nach den 40 Tagen den Auferstandenen in die Auferstehung verwandelt hat und die Auferstehungskraft, das heißt also Vollmacht über das eigene Bewusstsein, Vollmacht über die schaffende liebevolle Seele, Vollmacht über die sich verwandelnde, selbst erzeugende Auferstehungs-Leiblichkeit, diese Vollmacht, diesen Impuls ausgegossen hat über die Erde.

Und seither lebt die Auferstehung im Erdenumkreis. Dadurch kann der Auferstandene in jedem Augenblick sich konsolidieren und für den einen so und für den anderen so erscheinen oder wirken. Und so wie in dem letzten Auferstehungsbild im Johannesevangelium die schicksalsbestimmenden Impulse auftreten und der Christus für den einen diesen und für den anderen einen ganz anderen Weg aufzeigt, so bereitet der Auferstandene für jeden einzelnen Menschen die für ihn spezifische Auferstehung vor. Von dem Auferstandenen geht ein Welten schaffender Impuls aus, der für jeden einzelnen Menschen in alle Zukunft ganz individuell wirksam wird. »Ich sag es jedem, dass er lebt und auferstanden ist, dass er in unsrer Mitte schwebt ...«, nie geworden, sondern immer neu entstehend aus der Vollmacht der Auferstehung.

Anmerkungen

1 Johann Peter Eckermann, Gespräche mit Goethe.
2 in: Rudolf Steiner, Wahrspruchworte, GA 40, Dornach, 7. Aufl. 1991.
3 in: Rudolf Steiner, Wahrspruchworte.
4 in: Rudolf Steiner, Wahrspruchworte.
5 Von Jesus zu Christus, Dornach, 4. Aufl. 1980.

Erschienen 1998 im Verlag Urachhaus

ISBN 3-8251-7182-5

4. Auflage 1998
© 1998 Verlag Freies Geistesleben &
Urachhaus GmbH, Stuttgart
© 1978 Verlag Urachhaus Johannes M. Mayer GmbH, Stuttgart
Umschlag: Walter Schneider unter Verwendung der Studie
»Licht-Finsternis« von Heide Oehms
Druck: Offizin Chr. Scheufele, Stuttgart

Weitere Bände der phoenix-Reihe

phoenix Band 1

Gertrud Osterwald

Wiedergeburt aus dem Abgrund

Die Überwindung von Angst und Furcht
136 Seiten, Leinen

Angst und Furcht sind Regungen, die heute immer massiver auftreten. Kaum einer ist dagegen gefeit. Doch sie lassen sich bewältigen und positiv verwandeln. Durch bewusste seelische Übung und Mobilisierung der eigenen religiösen Grundkräfte ist heute jeder in der Lage, seine inneren Ängste zu überwinden und zu einer neuen Lebensbejahung zu gelangen.

phoenix Band 2

Johannes Lenz

»Ihr seid das Salz der Erde«

Die Bergpredigt heute
168 Seiten, Leinen

Die »Bergpredigt« hat Generationen von Theologen und Exegeten beschäftigt. Sie ist ein in klaren Stufen aufgebauter Weg zum Erwerb innerer Fähigkeiten, die heute und angesichts der Herausforderungen der kommenden Jahrzehnte immer wichtiger werden. Zugleich enthält die Bergpredigt Keime einer neuen christlichen Ethik.
Einer der wichtigsten Texte des Neuen Testaments wird hier lebensnah und eindringlich befragt und für unsere Zeit gedeutet.

VERLAG URACHHAUS

phoenix Band 3

Ellen Huidekoper

Leben mit dem Ungewissen

Zukunftshoffnung in der Ölbergapokalypse
216 Seiten, Leinen

Die Schreckensszenarien der »Ölbergapokalypse«, dem 24. und 25. Kapitel des Matthäusevangeliums, erscheinen wie eine Vorwegnahme der Ereignisse des 20. Jahrhunderts. Denn Unsicherheit, Verfolgung, Krieg und Heimatlosigkeit sind heute Grundtatsachen im Leben vieler Menschen. Die alten, traditionellen Werte und Sicherheiten tragen nicht mehr. Dennoch brauchen wir nicht in Pessimismus zu verfallen. Im Gegenteil: Erfahrungen bekannter Zeitgenossen wie Pablo Picasso, Vaclav Havel und Elisabeth Kübler-Ross bezeugen, dass es möglich ist, inmitten des Untergangs Sinn, Trost und Hoffnung zu finden.

phoenix Band 4

Siegfried Gussmann

Die Apokalypse des Johannes

Urbilder des Menschseins
128 Seiten, Leinen

Unser Geistes- und Gefühlsleben ist wesentlich von Urbildern und Archetypen geprägt, die zunächst in unserem Unbewussten leben. Wenn sie bewusst werden, erscheinen sie als die großen Erzählungen und Geschichten. Siegfried Gussmann hat die »Offenbarung des Johannes« auf ihre Urbilder hin befragt. Dabei entstand eine hochpoetische und gleichzeitig moderne Übersetzung, ein moderner Mediationstext.

VERLAG URACHHAUS

phoenix Band 5

Arie Boogert

Das Vaterunser als Lebenshilfe

Wege zu einer neuen Kultur des Betens
200 Seiten, Leinen

Wen wir beten, wenden wir uns an eine höhere Macht. Wir empfangen »Eingebungen« und Trost, werden aufmerksam auf den Sinn von Begegnungen mit anderen Menschen und von vielen, oft schwierigen Situationen des Alltags. Arie Boogert zeigt, wie aus dem Leben mit dem Urgebet der Christen eine moderne Kultur des Betens hervorgehen kann.

phoenix Band 6

Irene Johanson

Die drei Jünger Johannes

Stufen christlicher Entwicklung
88 Seiten, Leinen

Das Evangelium spricht von drei Menschen, die den Namen Johannes tragen: Johannes der Täufer, Johannes Zebedäus, der Apostel, und Johannes Lazarus, der Evangelist. Irene Johanson schildert, wie diese drei Johannes-Gestalten in ihrer Wesensart urbildhaft zu erfassen sind und so auch für uns heutige Menschen wegweisend werden können.

VERLAG URACHHAUS

phoenix Band 7
Dieter Hornemann
Mit der Erde atmen lernen
Eine Einführung zu Rudolf Steiners Seelenkalender
120 Seiten, Leinen

Für den heutigen Menschen können Rudolf Steiners sogenannte Wochensprüche, der »Anthroposophische Seelenkalender«, eine wertvolle Hilfe sein, die verloren gegangene Verbindung zum natürlichen Jahreslauf wieder zu finden und erlebnishaft zu vertiefen. Dieter Hornemann möchte diese Meditationssprüche nicht anthroposophisch ausloten oder deuten, sondern aus dem religiösen Erleben der Jahreszeiten und ihrer Naturvorgänge an sie heranführen. Die Sprüche des »Seelenkalenders« sind vollständig im Text enthalten.

phoenix Band 9
Emil Bock
Das dreifache Mariengeheimnis
112 Seiten, Leinen

Dem heutigen aufgeklärten Bewusstsein erscheint die Marienverehrung leicht wie ein Überbleibsel aus einer Zeit frommer, verehrender Hingabe. In drei Schritten führt uns Emil Bock zu einer zeitgemäßen Anschauung der Mariengestalt und zeigt, wo sie ihre Bedeutung auf leiblicher, seelischer und geistiger Ebene entfalten kann. Wir nähern uns dabei dem Geheimnis der jungfräulichen Geburt und blicken auf die ungeheuren kulturellen Impulse des Madonnenkults, die besonders im künstlerischen Schaffen wirksam sind.

VERLAG URACHHAUS

phoenix Band 10
Wenn in bangen trüben Tagen unser Herz beinah verzagt ...

Trost und Zuspruch in Dichterworten
Ausgewählt und eingeleitet von Mona Jacobi
104 Seiten, Leinen

In Zeiten des Leidens oder unlösbar scheinenden Schicksalsfragen kann es hilfreich sein, einen Spruch, ein Gedicht oder die Gedanken eines Menschen in sich aufzunehmen, der aus eigenem Erleben in künstlerische Form bringen konnte, was er erhofft, druchlitten oder erfleht und dabei erfahren hat. Darin ist auf eine höhere Ebene gehoben, wie Kummer und Schmerz den Menschen niederdrücken, aber auch reifen lassen.

VERLAG URACHHAUS